KOMPASS

Radreiseführer

Havel-Radweg

Genussmomente und lohnenswerte Schlenker
für Reise-Radler und E-Bike-Entdecker

Der Havel-Radweg

Von Waren (Müritz) nach Gnevsdorf

Lasse den Alltag hinter dir. Nimm dir die Zeit – Fahr los, um etwas zu erleben und schreibe es nieder. Erinnere dich an deine Reise, an die Natur, die Städte und die Menschen, mit denen du die Momente geteilt hast.

Auftakt Seite 4
Vorbereitung Seite 14
Beschilderung & Wegecharakter Seite 24

Der Reiseführer ab Seite 26

1. **Von Waren (Müritz) nach Wesenberg:** Von der Müritz zur Havelquelle. **Seite 28**

2. **Von Wesenberg nach Dannenwalde:** Fürstenberger Seenland. **Seite 52**

3. **Von Dannenwalde nach Oranienburg:** Ins nördliche Berliner Umland. **Seite 62**

4. **Von Oranienburg nach Potsdam:** Durch den Westen von Berlin. **Seite 82**

5. **Von Potsdam nach Brandenburg an der Havel:** Potsdamer Havelbogen. **Seite 112**

6. Von Brandenburg an der Havel nach Havelsee:
Entlang der Havelseen.
Seite 132

7. Von Havelsee-Pritzerbe nach Schollene:
Naturpark Westhavelland.
Seite 142

8. Von Schollene nach Gnevsdorf:
Im Reich von Kranich, Storch und Biber. **Seite 152**

Das Roadbook – die Strecke
ab Seite 172
Kapitelübersicht & Kartenlegende auf der hinteren Klappe

Zeit den Akku aufzuladen
Tourist-Infos & weitere Reiseinformationen ab Seite 236

Die Extra-Tourenkarte
Landschaften und Sehenswürdigkeiten des Radwegs

Die Havel in Brandenburg

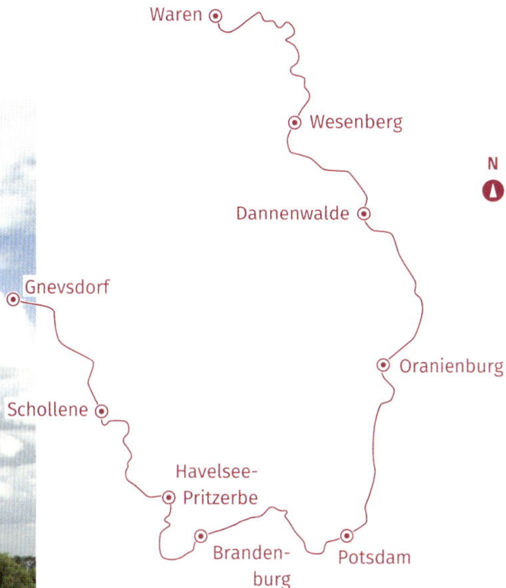

Die Havel

Nur 94 km trennen die Quelle in Mecklenburg von der Mündung in die Elbe nordwestlich von Havelberg, dazwischen liegen 334 Flusskilometer, die durch weite Wälder, von Schilfgürteln gesäumte Flussauen, Weiden und Felder führen. Oft ist der Fluss als solcher gar nicht zu erkennen, fließt er doch durch Seen, die sich wie Perlen auf einer Kette aneinanderreihen. Der fast 400 km lange Radweg verläuft durch historisch bedeutende Landstriche, kulturelle Höhepunkte finden sich vor allem zwischen Oranienburg und Brandenburg an der Havel.

Von der Müritz ins Fürstenberger Seenland

Die von den Eiszeiten geprägte Landschaft im Nationalpark Müritz bietet Natur pur. Auf der Fahrt von Waren an der Müritz zur Havelquelle lässt sich die Vogelwelt im Nationalpark hervorragend beobachten. Vom Start weg ist der Radweg gesäumt von glitzernden Seen. Zu den kulturellen Höhepunkten zählen der Abstecher nach Neustrelitz und die Wasserstadt Fürstenberg/Havel. Besonders schön ist es im Frühsommer zur Zeit der Rapsblüte und im Herbst, wenn sich die in allen Herbstfarben leuchtenden Bäume in den Seen spiegeln.

Im grünen Westen von Berlin

Berlin wäre nicht das, was es heute ist, hätte man nicht bei Zehdenick große Tonvorkommen entdeckt. Der Ziegeleipark Mildenberg und umliegende Tonstichlandschaft erinnern noch heute daran. Von Oranienburg folgt man der Havel durch den Westen von Berlin, wo die sehenswerte Spandauer Altstadt zum Bummel einlädt. Mit dem Schiff quert man den Wannsee und fährt dann weiter ins UNESCO-Weltkulturerbe Potsdam: Pfaueninsel, Glienicker Schloss sowie Schloss und Park Sanssouci sind nur einige der kulturellen Höhepunkte.

Durchs seenreiche
Havelland

Aus dem Dunstkreis von Berlin führt der Radweg ins Havelland. Romantisch in Weiß wird die Region rund um Werder an der Havel getaucht, wenn Tausende Obstbäume sich im Frühjahr von ihrer schönsten Seite zeigen. Ein Ausflug über die Havel führt nach Ketzin, in dessen Stadtgebiet auch das Naturschutzgebiet Ketziner Havelinseln liegt. Die alte Hansestadt Brandenburg begeistert mit ihrer Lage an gleich mehreren Seen. Der Radweg umrundet den Breitlingsee und folgt der Havel über Plaue durch siedlungsarmes Gebiet Richtung Norden.

Flusslandschaft

Untere Havelniederung

Die Fahrt durch den Natur- und Sternenpark Westhavelland ist sowohl bei Tag als auch bei Nacht ein Erlebnis. Beschauliche Havelörtchen wie Warnau oder Garz im Elb-Havel-Winkel laden zu einer Pause ein. Weit ist es nun nicht mehr auf dem Deich in die Hansestadt Havelberg mit ihrer hübschen Altstadtinsel. Über die Insel Mitteldeich zwischen Havel und Elbe geht es nach Gnevsdorf, wo die Havel nach 334 km in die Elbe mündet. Auf dem Weg nach Wittenberge führt die Fahrt durch das Storchendorf Rühstädt, wo rund 30 Storchenpaare brüten.

Zum Radreiseführer

Das Buch ist klar und einfach in zwei Teile gegliedert:
Reiseführer & Roadbook

Mit dabei sind ein Kontaktverzeichnis, eine große Extra-Karte und der GPX-Track zur Hauptroute.

Der Reiseführer und die Extra-Karte für den nötigen Überblick zeigen dir das „Rundherum" des Weges und nicht nur den Asphalt unter den Reifen. Hier werden die Stationen des Radwegs charmant beschrieben. Die Einteilung in **„Kapitel"** dient der großräumigen Orientierung. Dabei handelt es sich nicht um Empfehlungen für Tagesetappen. Die Wahl des Fahrrades, mit oder ohne Motorunterstützung und konditionelle Unterschiede erfordern eine individuelle Etappenplanung.

Jedes Kapitel beginnt mit einem illustrierten Höhen- und Streckenprofil zur schnellen Orientierung. Die Beschreibung greift nach und nach den landschaftlichen Charakter und die Sehenswürdigkeiten entlang der Hauptroute auf und vermittelt auf diese Weise ein Gefühl für die Umgebung. Unterbrochen wird der Text durch farblich hinterlegte Infoboxen.

Highlights am Wegesrand: Diese sind im Haupttext hervorgehoben und mit blauem Symbol durchnummeriert (siehe oben rechts). In grünen Infoboxen mit der entsprechenden Symbol-Nummer, wird das jeweilige Highlight detailliert beschrieben. Aufgrund der Fülle an Informationen kann es vorkommen, dass einige nummerierte Highlights nur im Haupttext erwähnt werden und keine separaten Erläuterungen existieren. In den Karten vom Roadbook sind die Sehenswürdigkeiten mittels Symbol-Nummer verortet. Die Stadtpläne helfen bei der Orientierung an Ort und Stelle.

Highlights am Wegesrand 1

Lohnenswerte Schlenker 2

Wissenswertes im Gepäck

Lohnenswerte Schlenker: Neben den Highlights sind im Text auch abseits vom Radweg gelegene Sehenswürdigkeiten als Lohnenswerte Schlenker ausgewiesen. Denn häufig zahlen sich kleinere oder größere Abstecher von der Hauptroute aus, um interessante Orte und Geheimtipps fernab des Trubels für sich zu entdecken. Die Kennzeichnung im Text sowie in der dazugehörigen Infobox beziehungsweise im Roadbook erfolgt ebenfalls über die entsprechende Symbol-Nummer.

Wissenswertes über lokale und regionale historische, landschaftliche oder kulturelle Gegebenheiten wird an vielen Stellen in roten Infoboxen vermittelt.

Roadbook: Detailkarten und exakte Wegbeschreibung

GPX-Track: Die Hauptroute für die digitale Navigation

Extra-Karte: Maximale Übersicht und Planungsinstrument

Das Roadbook enthält die Detailkarten mit eingezeichneter Hauptroute und die dazugehörige Streckenbeschreibung. Stellenweise können mehrere offizielle Varianten des Radwegs existieren. Unsere Autoren haben die schönste als Hauptroute gewählt und als rote Linie dargestellt. Es ist möglich, dass diese Route punktuell vom offiziellen Verlauf abweicht, um verkehrsreiche Abschnitte zu umfahren oder besondere Highlights entlang der Strecke aufzunehmen. Das Roadbook ist an die aktuellen Bedingungen rund um den Radweg angepasst. Die mittlerweile gute bis hervorragende Beschilderung der beliebtesten Radwege sowie die häufig offiziell erhältlichen Radwege-Apps und digitalen Wegverläufe erlauben es, das Roadbook auf das Wesentliche zu reduzieren und dadurch eine optimale Übersichtlichkeit zu erreichen.

Linien: Unsere Hauptroute wird als durchgezogene rote Linie abgebildet. Ausgewählte Varianten werden als rot gestrichelte Linie dargestellt. Lohnenswerte Schlenker entsprechen der grünen Linie und zweigen von der Hauptroute ab. Maßstabsbedingt können nicht alle Schlenker im Roadbook abgebildet werden.

Wegpunkte: Der Text und die Kartografie sind über die Wegpunkte miteinander verbunden. Schwarze Kreise mit weißer Zahl beschreiben die Hauptroute. Grüne Wegpunkte erläutern den Verlauf der Lohnenswerten Schlenker.

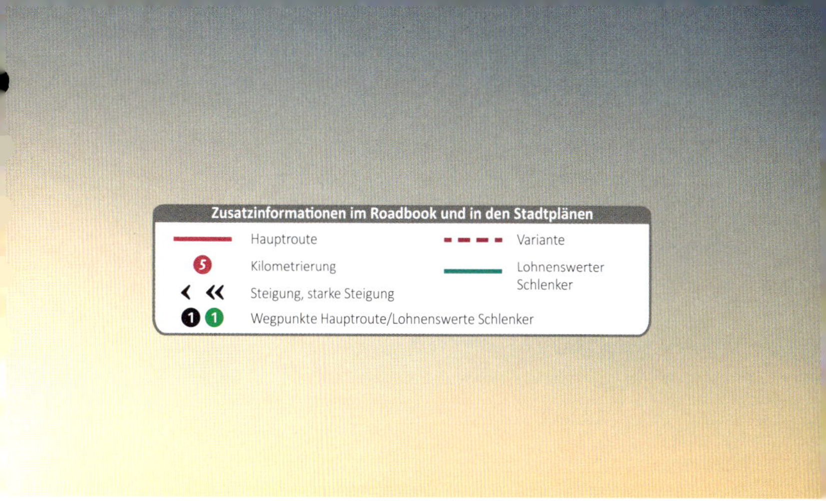

Kilometrierung: Die Hauptroute ist vom Start bis zum Ziel fortlaufend in regelmäßigem Abstand mittels weißer Kilometerangabe in rotem Kreis beschildert. An jedem Ort ist die bereits zurückgelegte Strecke problemlos ablesbar und die Anschlusskarte schnell gefunden. Steigungspfeile entlang der Route markieren steilere Abschnitte in oder entgegen der Fahrtrichtung.

Sehenswürdigkeiten: Soweit möglich sind die im Reiseführer beschriebenen Highlights und Schlenker im Roadbook mit blauem Symbol und weißer Nummer verortet. Darüber hinaus enthalten die Karten viele weitere Hinweise zu touristischen Attraktionen und landschaftlichen Besonderheiten entlang des Radweges. Die vollständige Kartenlegende befindet sich auf der hinteren Klappe.

Aktuelles: Hochwasser- oder baustellenbedingte Umleitungen sind in der Regel gut ausgeschildert und werden ebenso wie die aktuellsten Verkehrsinformationen, Hinweise und Sicherheitsmaßnahmen auf den offiziellen Seiten des Radwegs und der Touristinformationen kommuniziert. Hilfreiche Adressen und Kontakte finden sich auf den nächsten Seiten.

GPX-Track & Tourenplanung

Den GPX-Track zur Hauptroute des Roadbooks gibt es hier zum Download:

www.kompass.de/gpx

Für die Planung einer Radtour und der einzelnen Tagesetappen sollte man sich genügend Zeit nehmen. Mache dich mit deiner Tour vertraut und wähle deine persönlichen Highlights aus. Dort wirst du bestimmt mehr Zeit verbringen wollen. Mit großer Sicherheit wirst du auch unterwegs auf den einen oder anderen Ort treffen, an dem du ungeplant verweilen möchtest.

Ohne große Erfahrung mit mehrtägigen Radtouren sollte man eher kürzere Etappen einplanen. Wenn man sein Konditionslevel nicht kennt ist es hilfreich, vorab einzelne Tagesausflüge mit seinem beladenen Tourenrad zu unternehmen. Dabei sollte man möglichst ohne große Anstrengung fahren, da es auf die Ausdauer und nicht auf die Geschwindigkeit ankommt. So wird schnell klar, bei welcher durchschnittlichen Tages-Kilometer-Leistung die eigene Komfortzone liegt und was die Stärken und Schwächen des Rades und der Sitzposition sind. Des Weiteren gilt es regelmäßig Pausen einzuplanen und eventuell. einen Ruhetag an einem lohnenswerten Ziel.

Wie viele Kilometer schafft man? Pauschal kann dies nicht gesagt werden, da zu viele Faktoren eine Rolle spielen wie unter anderem die eigene Kondition, das Gepäck, die zu überwindenden Höhenmeter oder auch das Wetter. Starker Gegenwind kann die Durchschnittsgeschwindigkeit halbieren. Mit dem E-Bike kann die Distanz schnell um 20 bis 30 % oder sogar 50 % und mehr gesteigert werden. Eigene Probefahrten schaffen Gewisseit und helfen, die persönliche Durchschnittsgeschwindigkeit und eine realistische reine Fahrzeit exklusive Pausen für sich zu ermitteln. Damit ist die Tages-Kilometer-Leistung schnell berechnet. Die nachfolgende Auflistung zeigt Erfahrungswerte, also Tages-Distanzen in Abhängigkeit vom Konditionslevel für Radtouren in ebenem bis mäßig hügeligem Gelände und dient der groben Orientierung:

<30 km = relativ einfach (Anfänger und Etappen mit Kindern)
30–40 km = gemütlich (häufige Pausen und größere Gruppen)
40–50 km = durchschnittlich (ab 50 km sind Sportliche schon gut dabei)
50–80 km = erhöhte Kondition (bereits nach leichtem Training machbar)
80–120 km = gute Kondition (mit viel Gepäck benötigt man für 120 km den ganzen Tag)
> 120 km = sehr gute Kondition

Plan B: Sollte man sich bei der Etappenlänge verplant haben, so stehen häufig regionale Fahrradtaxi-Unternehmen, Fähren, Bus und Bahn zur Verfügung (Kontakt über Touristinformationen und die offizielle Radwegseite). Im Notfall kann immer eine alternative Unterkunft gewählt werden.

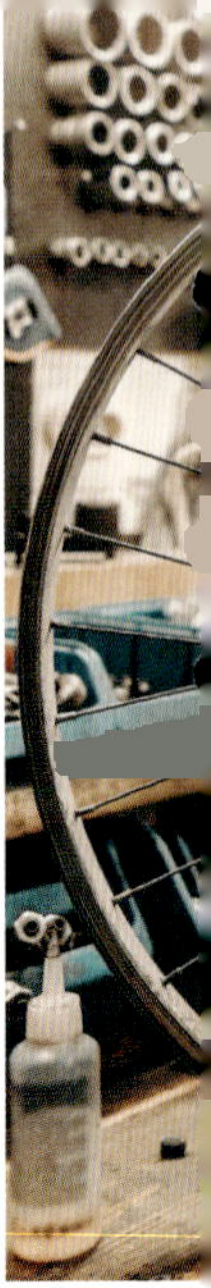

Tipp vom Experten

Die Profis von Diamant blicken auf eine über 135-jährige Geschichte zurück. Für uns haben sie das Wichtigste zusammengeschrieben, damit die Fahrradtour gelingt.

Checkliste vor jeder Fahrt:

- ✓ Lenker und Vorbau kontrollieren
- ✓ Laufräder prüfen (Reifendruck, Befestigung etc.)
- ✓ Bremsen testen (Bremsbelag, Scheiben, Felgen etc.)
- ✓ Kettenspannung überprüfen
- ✓ Sattel (Sitz) und Sattelstütze kontrollieren
- ✓ Federung prüfen und Wartungsintervall checken
- ✓ Beleuchtung und Reflektoren sicherstellen
- ✓ Rahmen und Gabel begutachten
- ✓ Akku beim Elektrorad prüfen
- ✓ Pannenset & Kompatibilität kontrollieren

Die Länge einer Tagesetappe hängt von vielen Faktoren ab. Insbesondere von der eigenen Kondition, der Motivation, den Wetter- und Wegebedingungen und natürlich auch von den Wegbegleitern. Greift man auf ein Elektrorad zurück; sind weitere Faktoren zu beachten. Es ist sowohl vor Antritt als auch während einer Fahrt schwierig, die Reichweite der Akkuladung exakt vorherzusagen. Allgemein gilt jedoch:
Bei gleichem Unterstützungslevel des E-Bike-Antriebs: Je weniger Kraft du einsetzen musst, um eine bestimmte Geschwindigkeit zu erreichen (z.B. durch optimales Benutzen der Schaltung), umso weniger Energie wird der Antrieb verbrauchen und umso größer wird die Reichweite einer Akkuladung sein. Je höher der Unterstützungslevel bei ansonsten gleichen Bedingungen gewählt wird, umso geringer ist die Reichweite.

Spezielles zum Elektrorad

- Ganz wichtig: Mach dir bewusst, dass andere Verkehrsteilnehmer womöglich nicht damit rechnen, dass ein Elektrorad schneller fahren kann als ein herkömmliches Fahrrad. Außerdem erhöht eine schnellere Geschwindigkeit das Unfallrisiko.
- Überlaste den hinteren Gepäckträger nicht. Die maximal erlaubte Zuladung des hinteren Gepäckträgers beträgt 20 - 25 kg.
- Reinige das E-Bike niemals mit einem Hochdruckreiniger. Die elektrischen Komponenten sind feuchtigkeitsempfindlich. Unter Hochdruck auftreffendes Wasser kann in Steckverbindungen und andere Teile des Elektrosystems eindringen.
- Akku vor längerer Nichtbenutzung auf bis etwa 60% aufladen (normalerweise 3 bis 4 LEDs der Ladezustandsanzeige). Nach 6 Monaten den Ladezustand prüfen. Leuchtet nur noch eine LED der Ladezustandsanzeige, Akku wieder auf bis etwa 60% aufladen.
- Es ist nicht empfehlenswert, den Akku dauerhaft am Ladegerät angeschlossen zu lassen.
- Wird der Akku längere Zeit in leerem Zustand aufbewahrt, kann er trotz der geringen Selbstentladung beschädigt und die Speicherkapazität stark verringert werden.

Anreise mit dem Zug

Umweltfreundlich, mit Freunden als Gruppe und ohne Stau. Mit genügend Vorlaufzeit und Planung gelingt die An- & Abreise per Zug problemlos. Die Frage, wie man nach der Radtour das am Start abgestellte Auto erreicht, stellt sich erst gar nicht. Informationen bieten die folgenden Adressen:

Zentrale Service-Hotline der DB:

0180 6 99 66 33

(20 Cent/Anruf aus dem Festnetz, Mobilfunk max. 60 Cent/Anruf.)

Informationen zur Fahrradmitnahme, -versand und -miete. Sowie Buchung bzw. Reservierung von Tickets und Stellplätzen.

Zentrale Service-Hotline der ÖBB:

+43 (0)5 17 17

(Gebührenpflichtig. Die Höhe der Gebühr richtet sich ausschließlich nach dem jeweiligen Festnetz- oder Mobilfunkvertrag des Anrufers. Die ÖBB verrechnen keine zusätzlichen Kosten.)

Alle Informationen über die Mitnahme vom Fahrrad bei der Deutschen Bahn: https://www.bahn.de/p/view/service/fahrrad/bahn_und_fahrrad.shtml

Tipps der DB, um die Bahnreise mit dem Fahrrad zu erleichtern: https://inside.bahn.de/checkliste-fahrradmitnahme-bahn/

Informationen über die Fahrradmitnahme in den Zügen der Österreichischen Bundesbahnen: https://www.oebb.at/de/reiseplanung-services/im-zug/fahrradmitnahme

Der ADFC informiert zum Reisen mit Bahn und Rad: https://www.adfc.de/auf-tour/#fahrrad-transport/!141

Schilderwald... Wegecharakter Informationen

Das offizielle Logo und gleichzeitig die Beschilderung entlang des Radweges.

Der Radweg ist fast durchgehend mit dem offiziellen Logo beschildert. Auch Schilder regionaler Radrouten sind entlang des Weges zu finden.

Die Wegequalität wird bis auf wenige Ausnahmen mit sehr gut bewertet. Die Strecke verläuft meist auf asphaltierten Radwegen oder ruhigen Nebenstraßen. Nur punktuell bewegt man sich auf unbefestigten Waldwegen. Kopfsteinpflaster oder Betonplatten als Untergrund sind selten. Der überwiegend flache Radweg verläuft nur abschnittsweise auf straßenbegleitenden Radwegen. Darüber hinaus ist der der flussbegleitende Havel-Radweg überwiegend familienfreundlich.

Informationen Havel-Radweg in Havelland:
Tourismusverband Havelland e.V.
Theodor-Fontane-Straße 10
14641 Nauen OT Ribbeck
Telefon: 033237-859030
Telefax: 033237-859040
www.havelland-tourismus.de/radfahren/havel-radweg

Website Havel-Radweg:
www.havelradweg.de

Informationen Havel-Radweg in Brandenburg und aktuelle Baustellen:
www.reiseland-brandenburg.de/poi/prignitz/radtouren/havel-radweg/?no_cache=1

Informationen Havel-Radweg in Westhavelland:
www.westhavelland.de//texte/seite.php?id=18780

Informationen Havel-Radweg in Mecklenburg-Vorpommern:
www.auf-nach-mv.de/havel-radfernweg

Der

Havel-Radweg

Von Waren (Müritz) nach Gnevsdorf

Teil 1

Reiseführer

Waren
Havelquelle
N
Wesenberg
Dannenwalde
Wittenberge
Gnevsdorf
Oranienburg
Schollene
Berlin
Havelsee-
Pritzerbe
Brandenburg
Potsdam

HOTEL
Restaurant

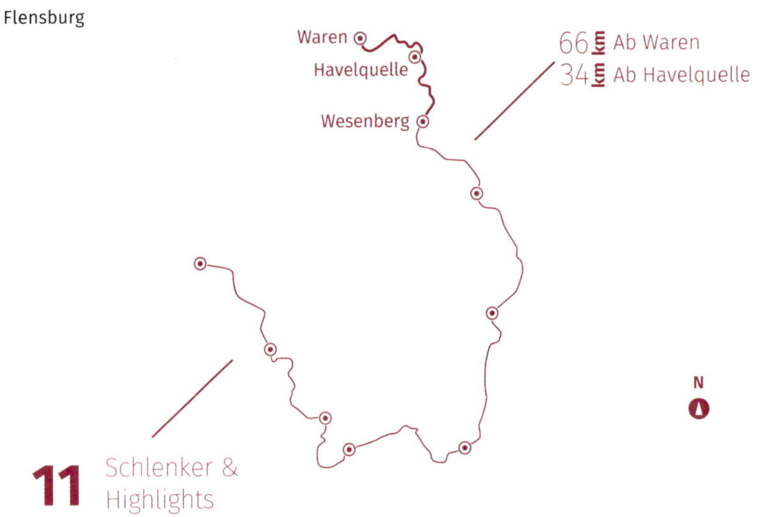
Flensburg
Waren
Havelquelle
Wesenberg
66 km Ab Waren
34 km Ab Havelquelle
N
11 Schlenker & Highlights

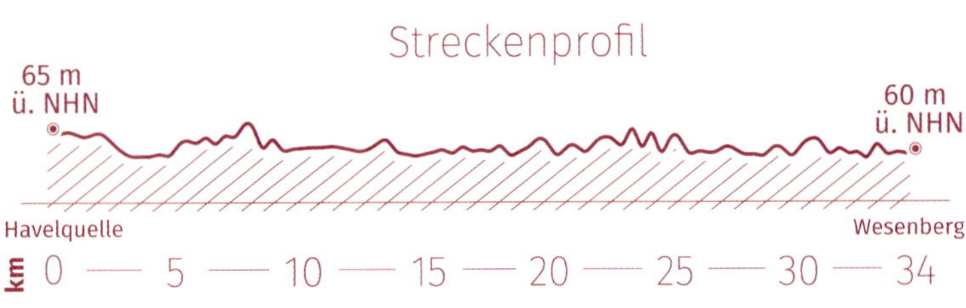
Streckenprofil
65 m ü. NHN
60 m ü. NHN
Havelquelle
Wesenberg
km 0 — 5 — 10 — 15 — 20 — 25 — 30 — 34

Von der Müritz zur Havelquelle

Auftakt:
Von Waren (Müritz) zur Havelquelle
Da die Havelquelle nicht an einem größeren Bahnhof liegt, starten wir in Waren (Müritz), dem Zentrum der Region Müritzer Seenplatte und zugleich das Tor zum Müritz-Nationalpark.

Warens Einwohner können sich glücklich schätzen, liegt doch die terrassenförmig angelegte Stadt nicht nur am Nordufer der **Müritz**, sondern auch am Südufer des Tiefwarensees. Zwischen beiden Gewässern liegt eine 300 m breite Landbrücke.

Zu den Hauptattraktionen von Waren (Müritz) zählt zweifelsohne das **NaturErlebnisZentrum Müritzeum** (1). Sein Besuch ist der perfekte Start in die Radtour und fast schon so etwas wie ein Pflichtprogramm. Hier erfährt man praktisch alles über die einzigartige Landschaft der Mecklenburgischen Seenplatte, über ihre Entstehung und die Flora und Fauna. Anschließend wird man mit vielen Eindrücken und geschärften Sinnen in die Pedale treten und wachen Auges rechts und links des Radweges nach den kleinen Naturschätzen Mecklenburgs Ausschau halten.

Vom Müritzeum ist es nicht weit in die mittelalterliche Altstadt der über 700 Jahre alten Stadt **Waren (Müritz)** (2). Rund um den Stadthafen liegt das touristische Zentrum mit Jachthafen, Ferienwohnungen, Geschäften, Kneipen und Restaurants. Der Hafen ist auch ein guter Ausgangspunkt für Schiffsfahrten mit der **Weißen Flotte** zu sehenswerten Orten an der Müritz bzw. zu anderen großen Seen (www.weisse-flotte-mueritz.de).

Ein erster Abstecher lohnt noch von Waren (Müritz) aus zum **Tiefenwarensee** (3) (siehe Roadbook). Der

Am stillen Müritzufer

Wissenswertes im Gepäck

Die Müritz

Deutschlands größter See

Blickt man über den See, meint man am Meer zu stehen: glitzerndes Wasser, leuchtend weiße Segelboote, Wassersportler aller Art, eine eindrucksvolle Vogelwelt. Wen wundert es? Die Müritz ist mit 117 km² nicht nur das größte Gewässer und damit Herzstück der Mecklenburgischen Seenplatte, sondern auch der größte vollständig innerhalb Deutschlands liegende Binnensee.

Die Slawen nannten den größten dieser Seen „Morcze“ (Kleines Meer), woraus sich der heutige Name Müritz ableitet. Noch heute sprechen die Mecklenburger liebevoll von der Müritz als „kleines Meer“. Über 29 km erstreckt sich der See von Nord nach Süd, 13 km lang ist die West-Ost-Erstreckung.

Entstanden ist die Müritz am Ende der Weichsel-Eiszeit vor etwa 12.000 Jahren. Die mächtigen Gletscher hobelten den

Untergrund aus und schufen durch den sich bewegenden Gletscher und den gewaltigen Druck des bis zu 1 km dicken Eispanzers tiefe Rinnen und Furchen. Gleichzeitig schoben sie am Rand mächtige Sandflächen auf. Beim sukzessiven Abschmelzen des Eises füllten sich die Rinnen und Furchen mit Regen- und Schmelzwasser, unzählige Seen und Toteislöcher entstanden, da es kaum Abflüsse gab.

Unter ihrer Oberfläche ist die Müritz abwechslungsreich: Vom Ostufer fällt der Grund sehr langsam ab, erst nach rund 500 m wird eine Tiefe von 2 m erreicht. Im Westen ziehen sich Rinnen von teils deutlich über 10 m Tiefe in Ufernähe entlang. Die größte Tiefe im Hauptsee beträgt etwa 28 m im „Kuckucks Düp" bei der Bucht Sietow. Die tiefste Stelle befindet sich in der Binnenmüritz bei Waren (Müritz) mit – 31 m. Durch den See fließt von Süden nach Norden das Flüsschen Elde.

Durch die Form der Müritz gibt es praktisch nur ein Ost- und ein Westufer. Während die westliche Uferzone durch Wiesen, kleine Wälder und sanfte Hügel geprägt wird, besteht der östliche Uferbereich zumeist aus Bruchwäldern und Schilfzonen, an die sich weitläufige Kiefernwälder anschließen.

Land der 1000 Seen
Die Mecklenburgische Seenplatte entstand in der Eiszeit und war ursprünglich ein einziger großer See. Heute bildet sie die größte zusammenhängende Seenlandschaft Mitteleuropas und wird umgangssprachlich „das Land der 1000 Seen" genannt. Insgesamt besteht die Seenplatte aus mehr als 1117 natürlichen Seen aller Größen, die oft durch Flüsse und Kanäle miteinander verbunden sind.

www.mecklenburgische-seenplatte.de

Highlight am Wegesrand **1**

NaturErlebnisZentrum **Müritzeum**

Das NaturErlebnisZentrum Müritzeum, ein auch architektonisch beeindruckender Gebäudekomplex, ist das wichtigste Besucherzentrum der Müritz-Region. Hier sollen die Besucher die Natur mit allen Sinnen erleben: So können sie dank moderner multimedialer Technik etwa mit einem Maränenschwarm auf Tauchgang gehen, den Laubfröschen bei ihrem Konzert im Moor lauschen oder mit den Kranichen in der Müritz fischen. Eindrucksvoll sind auch die Flugkünste von Weißstorch, Seeadler und vielen weiteren Vögeln.

Über ganze zwei Etagen erstreckt sich das mit 100.000 Litern Wasser gefüllte Becken, in dem Hunderte von Maränen ihre Runden drehen – es ist das größtes Aquarium für einheimische Süßwasserfische. Ergänzend gibt es 24 große und kleine Schauaquarien, in denen 50 heimische Fischarten schwimmen.

Bei der Planung des Hauses wurden auch Räumlichkeiten für die rund 280.000 Objekte der Na-

turhistorischen Landessammlungen Mecklenburg-Vorpommerns geschaffen, die 145 Jahre alt ist. Ein stattlicher, über 100 Jahre alter Rothirsch begrüßt die Besucher im sog. „Haus der Sammlungen“, dem historischen Museumsgebäude des Müritzeums. Zahlreiche lebensechte Präparate von Tieren, Pflanzen und Fossilien zeigen die Vielfalt an Pflanzen und Tieren in der Region. Zu den weiteren Highlights zählt unbestritten auch das Erlebniskino mit einer eindrucksvoll großen Leinwand, auf der sehenswerte Naturfilme gezeigt werden. *www.m.mueritzeum.de*

Eindrucksvolle Bassins im Müritzeum

2,6 km lange und 780 m breite Tiefwarensee ist wie alle Seen der Region glazialen Ursprungs, der Rinnensee liegt eingebettet in eine eiszeitlich entstandene Schmelzwasserrinne, die von Norden kommend bis in die Müritz hineinreicht. Im Süden endet er in einer Bucht, wo sich einige Kanu- und Bootsverleihe befinden. Wer sich etwas intensiver mit der geologischen Entstehungsgeschichte befassen will, lernt auf dem 10 km langen **Eiszeitlehrpfad Tiefwarensee** 3 (siehe Roadbook) alles Wesentliche über die geologischen Besonderheiten der Endmoränenlandschaft, in der Waren und der Tiefenwarensee liegen.

Südlich der Stadt überqueren wir eine schmale Landbrücke zwischen der Binnenmüritz zur Rechten und dem Feisnecksee zur Linken. Unmittelbar am Radweg liegt die Beobachtungsplattform Kuhtränke des **Nationalparks Müritz** 4. Der Feisnecksee liegt im Nationalpark, für Botaniker interessant sind die Wiesen am Ostufer, wo man u. a. seltene Orchideen-

Highlight am Wegesrand **2**

Waren (Müritz)

Ihr mittelalterliches Zentrum erstreckt sich rund um den Alten Markt und die Georgenkirche. Mit dem Bau der wuchtigen Backstein-Basilika wurde um 1300 begonnen, Mitte des 19. Jh. wurde sie neugotisch überbaut.

Am Alten Markt befindet sich auch das Alte Rathaus aus dem 15. Jh., dessen Arkaden früher als Gerichtlaube genutzt wurden. Die Stadt hat aber noch einen zweiten Markt, den Neuen Markt, der von schönen Fachwerkhäusern eingerahmt wird. Im Neuen Rathaus in Tudorgotik (1797 erbaut) ist das Stadtgeschichtliche Museum untergebracht. Etwas östlich erhebt sich auf einem Hügel die weithin sichtbare St. Marienkirche, ältestes Gebäude der Stadt und ihr Wahrzeichen.

Ein eher ungewöhnliches Museum ist die Alte Kacheltöpferei, in der bis 1937 Ofenkacheln geformt und gebrannt wurden.
www.waren-mueritz.de

Warens Altstadt zwischen Tiefenwarensee (oben links) und Müritz (Hafen)

Stadtplan
Waren (Müritz)
0 100 m
Start
Bahnhof Waren (Müritz)
108
192
Loydstr.
Malchiner-str.
Weinbergstr.
Müritz Klinikum
Weinbergschloss
Am Mühlenberg
Freilichtbühne
Mozartstr.
Teterower Str.
Bahnhofstr.
Gartenstr.
Am Turnplatz
Rabeng.
Cinestar
Amtsgericht
Landkreis Festplatz
Zum Amtsbrink
Goethestr.
Rosengarten
Zur
Herrenseebrücke
Güstrower Str.
Richard-Wossidlo-Str.
Sportplatz
Herrensee
Steinmole
Müritzeum
Friedensstr.
Schweriner Damm
Bachplatz
Gr. Mauerstr.
Lange-Str.
Neuer Markt
Kietzstr.
Richterstr.
Mühlenstr.
Rosenstr.
Stadtmuseum
St. Marienkirche
Gr. Wasserstr.
St. Georgenkirche
Unterwallstr.
Alter Markt
Fischerstr.
Strandstr.
Müritzstr.
Rosenthalstr.
Stadthafen
Große Gasse
Am Seeufer
Binnenmüritz
Allee

Highlight am Wegesrand 4

Müritz-Nationalpark

Glasklare Seen und tiefe Wälder

Waldreich ist der 322 km² große Nationalpark, über 70 % sind von Wald bedeckt, 13 % sind Wasserflächen, den Rest nehmen Moore, Wiesen und Äcker ein. Weite Teile des Schutzgebietes waren schon zu DDR-Zeiten tabu für die Bevölkerung: Hier trafen sich Spitzenfunktionäre und ihre Gäste zum Jagen und erholten sich Militärangehörige, ein Teil war Trup-

penübungsplatz. Die Natur profitierte davon, viele Tiere wie Fischotter, See- und Fischadler oder Kraniche fanden hier einen weitgehend menschenleeren Lebensraum.

Der Nationalpark besteht aus zwei Teilen: Das Müritzer Teilgebiet (260 km^2) schützt einen 10 km langen Uferstreifen der Müritz an ihrem Ostufer sowie weitere 100 größere Seen und unzählige weitere Stillgewässer. In der Feldberger Seenlandschaft liegt östlich von Neustrelitz das Serrahner Teilgebiet (62 km^2); hier stehen die zum Teil uralten Buchenwälder unter Schutz. Die UNESCO hat die Wälder 2011 zum Weltnaturerbe Alte Buchenwälder geadelt – zusammen mit weiteren alten Buchwäldern in Deutschland und in den Karpaten. Getrennt werden beide Teilgebiete durch das Stadtgebiet von Neustrelitz.

Der Nationalpark ist deutschlandweit der Ort, wo die meisten See- und Fischadler, Kraniche und Rohrdommeln brüten. Die weitläufigen Wälder, die glitzernden Seen und die unberührten Moorlandschaften bieten den idealen Lebensraum für diese Tiere.

Bei der Fahrt durch den Nationalpark lohnt es sich immer wieder einmal, einen Abstecher zu den ausgeschilderten Aussichtstürmen und Beobachtungsständen zu machen. Im Sommer fahren Linienbusse mit Fahrradtransportanhängern im Stundentakt von Waren über Federow, Speck, Käflingsberg, Boek und Bolter Kanal nach Rechlin.

Nationalparkamt Müritz
Schloßplatz 3
17237 Hohenzieritz
Tel. +49 39824 25 20
www.mueritz-nationalpark.de

Highlight am Wegesrand **5**

Hörspielkirche Federow

Platz nehmen und zuhören!

Was für eine einmalige Idee der Einwohner von Federow! Die suchten dringend eine Nutzung für ihre aus dem 13. Jh. stammende Feldsteinkirche, die sie unbedingt vor dem drohenden Verfall und einem möglichen Abriss retten wollten. Mit der Idee, die Kirche als Hörspielkirche zu nutzen, konnten sie die nötigen Fördergelder lukrieren und die notwendigen Sanierungsarbeiten durchführen. Die Hörspielkirche wurde 2006 sogar von der bundesweiten Initiative „Deutschland - Land der Ideen" ausgezeichnet. Besucher sind nun eingeladen, auf den Kirchenbänken Platz zu nehmen und den Hörspielen zu folgen – am Nachmittag eine kindgerechte Auswahl, abends Hörspiele, teilweise auch Lesungen, für Erwachsene. Auf der Homepage findet sich das jeweils aktuelle Programm.

www.hoerspielkirche-federow.de

Arten findet.

Wir fahren nun durch den Nationalpark bzw. entlang seiner Grenze ins **Nationalparkdorf Federow**, das sozusagen das nördliche „Tor" in den Nationalpark ist. Zu den Sehenswürdigkeiten des Ortes zählt die am Radweg liegende **Hörspielkirche Federow** **5**. Die im 13. Jh. gebaute Dorfkirche wurde lange nicht genutzt – eine ungewöhnliche Idee bewahrte sie schlussendlich vor dem Abriss: Von Juli bis September werden hier täglich Hörspiele abgespielt – das Programm findet sich im Internet.

Auf die Kultur folgt die Natur: Das **Nationalparkzentrum Federow**, das größte des Parks, bietet zwischen Frühjahr und Mitte August mittels einer Kamera spannende Einblicke in den Horst einer Fischadlerfamilie.

Wissenswertes im Gepäck

Kranichrast im Nationalpark

Zwei Mal jährlich erlebt man auf einigen Gewässern des Müritz-Nationalparks ein eindrucksvolles Naturschauspiel – die Rast der Kraniche auf ihrem Weg nach Spanien (Herbst) bzw. in den Hohen Norden (Frühjahr).

Die **Nationalpark-Information in Federow** bietet in den jeweiligen Wochen geführte dreistündige Abendwanderungen an, um aus sicherer Entfernung den Einflug der schönen Vögel zu beobachten. Dazu wurde z. B. südlich von Federow eine **Beobachtungskanzel am Rederangsee** gebaut, von der aus man die Zugvögel beobachten kann, die sich in der Dämmerung zu Hunderten am Ostufer des Sees sammeln. An den Seen sammeln sich ab Ende August zunächst die in der Region lebenden Brutpaare, ab Mitte September kommen dann täglich immer mehr Vögel aus Skandinavien hinzu, bis zu einigen Tausend.

Kranichtour ab Federow: von Mitte August bis Ende Oktober am Spätnachmittag/frühen Abend, 4,5 km lange Fußwanderung. Unbedingt anmelden. *www.nationalpark-service.de/touren/*

See- und Fischadler finden an der Müritz sehr gute Bedingungen vor; zahlreiche Fischadlerbrutpaare haben ihre Horste auf den Strommasten rund um den Ort. Wechselnde Ausstellungen im Besucherzentrum zeigen die Vielfalt des Nationalparks. In den Sommermonaten bieten die Nationalparkranger Adlersafaris sowie Abend-Radtouren zur Beobachtung von Adlern, **Kranichen** und Hirschen an.

Zur richtigen Jahreszeit lohnt sich auch der kurze Abstecher zu einem überdachten **Beobachtungsstand am Hofsee** 6 (siehe Roadbook). Dafür hält man sich nach der Hörspielkirche rechts und wandert ab dem Gutshaus Federow zu Fuß zum Hofsee. Von dort führt ein 2,5 km langer **Rundweg** um den kleinen See.

Wir verlassen Federow und fahren durch eine wellige, von Äckern und Wiesen geprägte Landschaft nach **Kargow** mit einer alten Dorfkirche und einem Gutshaus.

Über Schwasdorf, Groß Dratow (mit einer alten Feldsteinkirche) und Bocksee folgen wir zwischen den Feldern fahrend den Wegweisern Richtung Ankershagen. Ganz flach ist es nicht, unterwegs gibt es einige kleinere Steigungen und Abfahrten. Schließlich erreichen wir **Wendorf.** Aus einem ehemaligen Rittergut wurde Mitte des 17. Jh. Schloss Wendorf, das man in den 1990er-Jahren hervorragend sanierte. Inzwischen ist es ein Fünf-Sterne-Schlosshotel mit Gourmet-Restaurant (www.schlosshotel-wendorf.de) inmitten eines schönen Schlossparks.

Wer Freude am Besuch ehemaliger Gutshäuser hat, kann am südlichen Ortsende von Wendorf den 2 km langen Abstecher ins östlich gelegene **Rumpshagen** machen. Das dortige, denkmalgeschützte Gutshaus (Schloss Rumpshagen) hat eine in Norddeutschland einmalige, in Putz ausgeführte Außenfassade. Die Besitzer bieten Übernachtungsmöglichkeiten im „Schloss“, im Jägerhaus und in der Gutsgärtnerei, außerdem auch die Möglichkeit zur Wildtierbeobachtung an.

Und dann rollen wir hinein nach Ankershagen, zunächst in den Ortsteil **Friedrichsfelde**. Im ehemaligen Gutshaus von Friedrichsfelde sind heute die Büros des Bürgermeisters und eine Nationalpark-Informationsstelle untergebracht. Hier lässt sich u.a. auf einem Monitor das Geschehen in einem Storchennest in der Nähe beobachten. Wer sich kurz die Füße vertreten will, kann durch den schönen Landschaftspark mit alten Eichen und Buchen spazieren. Nur rund 500 m entfernt – am Ende einer eindrucksvollen Kastanienallee – betritt man erneut den Müritz-Nationalpark.

Kurz darauf ist das historische Pfarrgelände von **Ankershagen** erreicht, mit einem original erhaltenen Pfarrhaus aus dem 18. Jh. und der Dorfkirche aus dem 13. Jh. Sie zählt zu den ältesten Feldsteinkirchen Mecklenburg-Vorpommerns und birgt sehenswerte mittelalterliche Fresken. Heinrich Schliemann, dem die Entdeckung Trojas zu verdanken ist, ist der berühmteste Sohn des Ortes, er verlebte hier zwischen 1823 und 1831 acht Jahre seiner Kindheit im Pfarrhaus, in dem sich heute das **Heinrich-Schliemann-Museum** 7 befindet. Das würdigt seine Verdienste um die Archäologie, beleuchtet aber auch die Schattenseiten seiner Tätigkeit. Interaktive Medienstationen liefern spannende Informationen zum jeweiligen

Heinrich-Schliemann-Museum

Wer kennt es nicht, das Trojanische Pferd, das Heinrich Schliemann so bekannt gemacht hat?

Johann Ludwig Heinrich Julius Schliemann, der von 1822 bis 1890 lebte, war eine schillernde Persönlichkeit – Multimillionär, Wissenschaftler, Archäologe und Kosmopolit und Sprachgenie. Er gilt als Entdecker und Ausgräber von Troja und Mykene und als einer der Begründer der modernen Archäologie. Sein Ziel war es, die antiken Stätten der griechischen Sagen zu finden, die ihn schon als Kind begeistert hatten. Er war fasziniert von Homer und den Mythen, die sich um die Stadt Troja und den Krieg um die schöne Helena rankten. Ausgrabungen in Troja, Mykene, Tiryns und Orchomenos – immer orientiert an den Schilderungen der Ilias – führten zu vielen Entdeckungen. Und er fand die Überreste jener Kultur, die man bis dato als sagenhaft bezeichnet hatte – der mykenischen Kultur. Dabei half ihm die Entwicklung neuer Grabungsmethoden: Auf die systematische Auswertung der literarischen Quellen (wie etwa Homer) folgte die topografische Erkundung, die Befragung von Einheimischen, das Untersuchen von Proben. Mit seinem Kollegen Dörpfeld entwickelte er die stratigrafische Methode, nach der die Schichten der Erde nach ihrer zeitlichen Entstehungsfolge geordnet und zur Altersbestimmung der Funde herangezogen wurden.

Kritiker werfen ihm jedoch vor, dass er durch seine Ausgrabungsprojekte vieles unwiederbringlich zerstört hat – trotz aller Sorgfalt. *www.schliemann-museum.de*

Lebensabschnitt. Das auf dem Vorplatz stehende 6 m hohe Trojanische Pferd ist inzwischen ein Wahrzeichen der Region geworden.

Wenige hundert Meter zweigt der Radweg nach Süden ab, führt vorbei am Herrenhaus Ankershagen, hinter dem sich die Reste der Burg Ankershagen verstecken. Den Hinweisschildern zur Havelquelle folgend, erreicht man nach rund 2 km eine Weggabelung, an der man sich geradeaus zur Havelquelle orientiert. Sie liegt südlich des Mühlensees (Badestelle) in einer Waldlichtung. Die unscheinbare Quelle wurde 2007 mit Steinen eingefasst. Hier findet man zudem eine Infotafel, Bänke und einen Obelisken, auf dem die Orte aufgeführt sind, durch die die **Havel** fließt.

Startpunkt Havelquelle

An der Havelquelle beginnt offiziell der Havel-Radweg. Mit der Quelle im Rücken hält man sich rechts und fährt am Parkplatz Havelquelle vorbei nach **Pieverstorf**. Neben einem Gutspark (mit Resten eines Gutshauses) findet man hier südwestlich des Ortes den Dambecker See mit einer Badestelle. Südlich des Ortes liegt ein bronzezeitlicher Burgwall, der zu den größten Anlagen aus jener Zeit gehört.

Unbedingt einen Halt einlegen sollte man im nächsten Ort **Kratzeburg**, den man einmal von Osten nach Westen durchquert. Links vom Radweg liegt die **Nationalpark-Information „Flatterhus Kratzeburg“** 8 mit dem Schwerpunkt Fledermäuse.

Highlight am Wegesrand 8

Nationalpark-Information
„Flatterhus Kratzeburg“

Im „Kratzeburger Flatterhus“ dreht sich alles um die Fledermäuse. Die faszinierenden nachtaktiven Tiere sehen mit ihren Ohren, fliegen mit ihren Händen und schlafen tagsüber kopfüber in ihren Quartieren. Insgesamt leben im Nationalpark 15 Fledermausarten, sie leben in den Höhlen alter Bäume und finden in der strukturreichen Landschaft ein reichhaltiges Nahrungsangebot. Fledermäuse haben ganz unterschiedliche Quartiere: So fand man beispielsweise 2017 heraus, dass sich hinter der Außenverkleidung des Technikhauses auf dem Käflingsberg die kleinste europäische Fledermausart, die Mückenfledermaus, ihr Sommerquartier eingerichtet hatte. Diese wurde erstmals 1995 im Nationalpark nachgewiesen, als eigene Art ist sie seit den 1980er-Jahren anerkannt.

Dorfstraße
17237 Kratzeburg
Tel. +49 39822 29 665

Die Havel

Eigenwilliger Fluss

Genau genommen ist der Havelursprung wohl keine sprudelnde Quelle, sondern ein Quellsee – der ein Stück westlich gelegene Bornsee. Sein Wasser fließt in den Trinnensee und den Mühlensee, der in unmittelbarer Nähe der Havelquelle liegt.

Und so gibt es bis heute eine komplizierte Diskussion um die „echte" und „falsche" Havelquelle. Ein Grund dafür ist der Mensch, der seit dem Mittelalter hier immer wieder in das Wassersystem eingegriffen hatte. So wurde vermutlich im 16. Jh. der Durchstich am 3 km nördlich gelegenen Mühlensee vorgenommen. In der Folge floss das Wasser vom Born-, Trinnen- und Mühlensee in Richtung Ankershagen ab, um dort eine Wassermühle zu betreiben. Das führte wiederum dazu, dass der Abfluss Richtung Süden versiegte. Lange galt nun der Dambecker See als Havelquelle.

Im Rahmen von Meliorationsarbeiten im 19. und 20. Jh. wurde der Quellbereich wieder nordwärts in Richtung Diekenbruch verlegt, 2004 das Moor renaturiert. Der Damm zwischen Mühlensee und Diekenbruch ist nun die Wasserscheide zwischen Nord- und Ostsee.

2007 wurde die Havelquelle symbolisch südlich des Mühlensees gelegt – der Beginn der Havel, die nach 334 km in die Elbe mündet.

Zu den Besonderheiten der Havel gehört, dass Quelle und Mündung nur 92 km Luftlinie auseinanderliegen.

Käflingsbergturm

Weiter Blick über den Nationalpark

Auf dem 100 m hohen Käflingsberg südöstlich der Nationalparkgemeinde Speck erhebt sich der größte Aussichtsturm des Nationalparks, der 55 m hohe Käflingsbergturm. 167 Stufen sind es hinauf zur Plattform in 31 m Höhe – von dort bietet sich ein grandioser Panoramablick über die Wald- und Seenlandschaft des Nationalparks, zur 5 km westlich gelegenen Müritz und dem Quellgebiet der Havel. An Tagen mit herausragender Fernsicht reicht die Sicht bis nach Waren, Neustrelitz und Neubrandenburg. Der Aussichtsturm hat aber auch eine wichtige Funktion als Feuerwachturm – die Überwachungskanzel liegt über der Besucherplattform. Der Turm ist von Mai bis Oktober für Besucher zugänglich.

Schräg gegenüber steht die Dorfkirche, eine Fachwerkkirche mit schönen Schnitzarbeiten. Hinter der Gemeindeverwaltung queren wir ein erstes Mal die noch junge Havel, die in den südlich vom Ort und der Bahnlinie (Bahnhof) liegenden Käbelicksee fließt.

Am Nordostufer des Sees erreichen wir **Dalmsdorf** mit einer Kanustation und der Glasmanufaktur Dalmsdorf. Hier lassen sich die schönen Arbeiten der Künstlerin Bettina Paesler bestaunen; ein Kaffee- und Biergarten mit Blick auf den Käbelicksee lädt geradezu zu einer Pause ein (www.glasmanufaktur-dalmsdorf.de). Hinter Dalmsdorf geht es kurz quer über die Felder und erneut über die Havel. Diese verlässt den Käbelicksee im Südwesten und fließt nach Richtung Westen in den Granzinger See. Der Radweg folgt dem Südufer zum Gasthaus Havelkrug und Infotafeln des Nationalparks.

Wer Zeit und Interesse hat, kann von hier aus einen Abstecher in den **Nationalparkort Granzin** zum Töpferhof Steuer machen: Stefan Schöttler verkauft hier seine Keramiken, zeigt wechselnde Kunstausstellungen, betreibt ein Hofcafé sowie einen Kajak- und Kanuverleih (www.toepferhof-steuer.de). Von Granzin aus bietet sich zudem der lohnenswerte Abstecher zum **Aussichtsturm auf dem Käflingsberg** **9** an.

Die Havel fließt nun rechts von uns, vom Granziner See über den kleinen Schulzensee in den langgezogenen Pagelsee. Hier gibt es für Wasserwanderer ein kleines Highlight, eine Lorenbahn, die den Schulzensee und den Pagelsee verbindet und so das lästige und anstrengende Umtragen ersetzt. Die Havel fließt danach durch den Zotzensee und verlässt ihn im Süden. An einem Parkplatz am Südende des Zotzensees lohnt ein kurzer Abstecher nach rechts: Am Ende des Bohlenweges bietet sich von einer Beobachtungsplattform ein schöner Blick über die Zotzensee-Niederung. Wir kreuzen erneut die Havel, die wenig später in den Jäthensee fließt. Östlich des Sees liegt **Blankenförde**. Hier zeigt in der Nähe der kleinen Fachwerkkirche in der ehemaligen Dorfschule der Nationalpark eine Fotoausstellung zum Thema „Vögel und Co am Zotzensee“ und die **Nationalparkausstellung** „Lebensraum der Extreme“.

Auf dem weiteren Weg passieren wir den Roten See, durchqueren ein ausgedehntes Waldgebiet, passieren die Südspitze des Krummer Sees und erreichen Zwenzow am Nordufer des Großen Labussees. Nach 1,5 km ist **Useriner Mühle** (Ortsteil von Userin) am Useriner See erreicht, den die Havel im Süden verlässt. Am See gibt es eine schöne Badestelle.

Für einen Abstecher nach **Neustrelitz** **10** biegt man an der Bahnstation von Groß Quassow noch vor dem Bahnübergang nach links ab und fährt über Groß Quassow und Lindenberg ins Stadtzentrum von Neustrelitz, das mit seiner spätbarocken Stadtanlage begeistert und in seiner Art

Schön geplant
Neustrelitz

Neustrelitz ist eine Planstadt, errichtet nach Plänen von Herzog Adolf Friedrich III., der sich die Stadt ab 1730 nach seinen Vorstellungen errichten ließ. Neustrelitz war die letzte barocke Stadtgründung in Deutschland, die Stadt blieb bis 1918 Herzogssitz und war von 1918 bis 1933 Landeshauptstadt des Freistaates Mecklenburg-Strelitz. Den Mittelpunkt der ehemaligen Residenzstadt bildet der streng symmetrische, quadratische Marktplatz, von dem aus acht Straßen sternförmig in alle Himmelsrichtungen führen. Vorbild war für die Planer der Grundriss einer italienischen Stadt. An der Nordseite des Platzes erhebt sich die Stadtkirche von 1778 mit ihren Zwillingstürmen, an der Ostseite das klassizistische Rathaus von 1841. Folgt man der kurzen Schlossstraße, kommt man zum Schlossgarten (als Vorbild diente Versailles) mit Schlosskirche, Kavalierhaus, Landestheater, Hebetempel, Orangerie

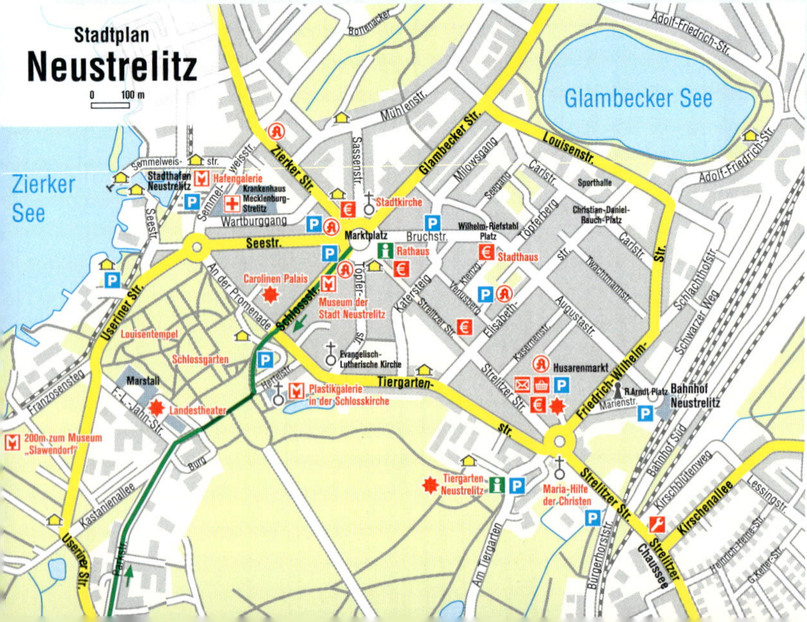

Die Stadtkirche von Neustrelitz mit dem Marktplatz

im klassizistischen Stil, Götterallee und die Gedächtnishalle. Sie erinnert an Königin Luise von Preußen, die eine geborene Prinzessin zu Mecklenburg-Strelitz war. Etwas Besonderes ist auch die neogotische Schlosskirche, die Mitte des 19. Jh. erbaut wurde. Sie hat 12 Türme, die für die 12 Apostel stehen.

www.neustrelitz.de
www. slawendorf-neustrelitz.de

in Nord- und Mitteleuropa einzigartig ist. Aber nicht nur der Grundriss, auch die Vielzahl an schönen alten Häusern, z. T. mit Jugendstilelementen und -fassaden, prägen das Stadtbild.

Auf dem Hin- oder Rückweg könnte man auch noch dem **Slawendorf Neustrelitz** einen Besuch abstatten: Auf einem am See gelegenen 1,4 ha großen Areal hat man nicht nur einen aus etwa 1400 Baumstämmen bestehenden Palisadenzaun errichtet, sondern auch ganz unterschiedlich gestaltete Gebäude und Unterstände im slawischen Baustil errichtet. Ein 12 m hoher Wachturm bietet einen guten Überblick über die Anlage (www.slawendorf-neustrelitz.de).

Nun folgen ein kräftiger Anstieg und eine flotte Abfahrt zum Ufer des Woblitzsees. Obwohl man am Seeufer entlangfährt, erhascht man wegen der dichten Vegetation nur selten einen Blick auf den See.

Bald darauf ist Wesenberg erreicht. Der Radweg mündet in die Bahnhofstraße ein, rechts geht es zum Bahnhof. Wer den historischen Altstadtkern rund um den Marktplatz von **Wesenberg** besuchen möchte, hält sich links.

Die Stadt bewirbt sich mit dem Slogan: Eine Stadt, drei Seen! Das kleine Ackerbürgerstädtchen an der Havel liegt inmitten der Mecklenburgischen Kleinseenplatte, umgeben von Röblinsee, Baalensee und Schwedtsee, durch die jeweils die Havel auf ihrem Weg nach Osten fließt.

Der Ort wurde um 1250 im Schutz einer Burg am Woblitzsee gegründet. Heute ist die Burg Wesenberg mit dem Fangelturm Wahrzeichen und Landmarke der Stadt, hier findet man Ausstellungen zur Forstwirtschaft, Fischerei und Jagd sowie eine Fotoausstellung. Den Fangelturm kann man besteigen. Um den Marktplatz finden sich schöne Fachwerkhäuser und klassizistische Bürgerhäuser. Vor der gotischen Marienkirche steht ein imposantes Naturdenkmal, eine rund 600 Jahre alte Linde. In der Villa Pusteblume zeigt ein kleines Spielzeugmuseum vor allem Blechspielzeug und mechanische Musikinstrumente.

Im Stadtteil Ahrensberg ist die in Norddeutschland einmalige, überdachte Holzbrücke über den Kammerkanal ein beliebtes Fotomotiv. Wesenberg ist ein vielbesuchtes Ziel der Wasserwanderer, da sich hier Obere-Havel-Wasserstraße und die Müritz-Havel-Wasserstraße kreuzen.

Westlich der Stadt liegen die Seen Kleiner Labussee und Großer Weißer See jeweils mit Badestellen. Zwischen beiden Seen gibt es dann noch Kultur in Form des sehenswerten **Skulpturenparks Wesenberg** 11.

Wesenberg

Der Woblitzsee bei Wesenberg

Skulpturenpark Wesenberg

Bei der Entdeckungsreise auf verschlungenen Pfaden durch ein bewaldetes Gelände am Weißen See in Wesenberg stößt man auf 23 großformatige Skulpturen unter freiem Himmel. Highlights der Ausstellungen waren und sind die Arbeiten der deutschstämmigen australischen Bildhauer Inge King und Erwin Fabian, die beide 1915 in Berlin geboren und als Kinder aufgewachsen sind. Ihnen sind auch weitere Arbeiten zeitgenössischer australischer Künstler zu verdanken. Ergänzt wird die Außen-Ausstellung durch ein Studio und ein Eingangs- und Galeriegebäude mit weiteren Ausstellungen und kunstbezogenen Dokumentarfilmen.

Öffnungszeiten finden sich auf der Homepage.

Philine Bracht
Am Weißen See 3
17255 Wesenberg
Tel. +49 (0)39832 262 4 66
www.sculpture-park-wesenberg.de

Essen, Trinken & Durchatmen

Ein kulinarischer Abzweig

Heinos Fischerstuw direkt am Stadthafen von Waren bereitet nur frischen Fisch von den Müritzfischern zu. Zur Auswahl stehen rustikale mecklenburgische Fischgerichte von 12 verschiedenen Fischarten, 19 Variationen an Fischbrötchen, Fischsuppe und vieles mehr.

Heinos Fischerstuw
Strandstraße 3
17192 Waren (Müritz)
Tel. +49 3991 66 79 70
www.heinos-fischerstuw.de

Der **Biergarten am Hafen** unterhalb der Wesenberger Burg hat von April bis Oktober geöffnet. Hier bekommt man selbstgekochte Eintöpfe wie Kesselgulasch und Soljanka, Bockwurst, Wildknacker und Fischbrötchen, aber auch Vegetarisches. Dazu schmeckt ein Stralsunder Fassbier.

Biergarten „Am Hafen"
Unterhalb der Wesenberger Burg
17255 Wesenberg
Tel. +49 173 231 19 18

Am schönsten zur Rapsblüte – der Woblitzsee

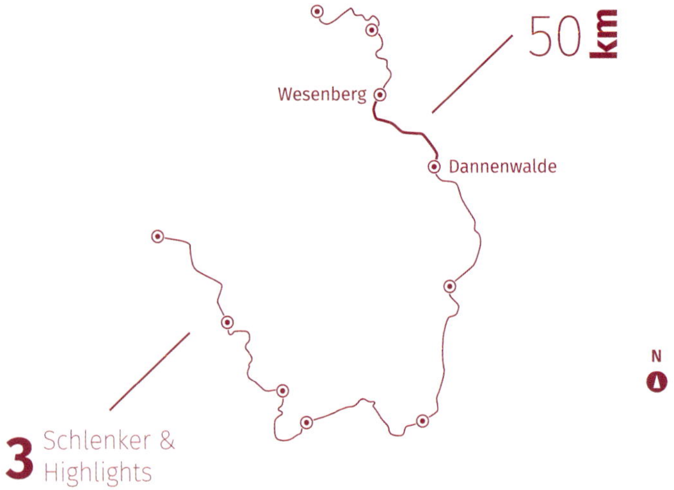

Streckenprofil

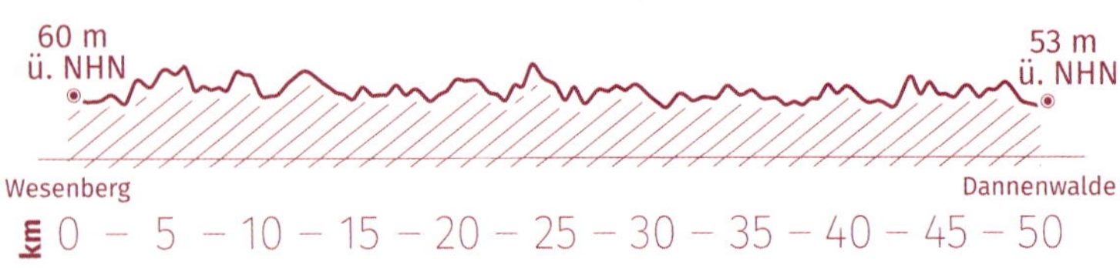

Fürstenberger Seenland

Das Stadtgebiet von Wesenberg verlassen wir im Südwesten, erreichen nach rund 5,5 km Drosedow und fahren durch ein Waldgebiet nach **Seewalde**, das auf einem Landvorsprung am Gobenowsee liegt. Der Radweg umrundet die Ostspitze des Gobenowsee und quert dabei den Stich zwischen Gobenowsee und Klenzsee. Vorbei am Trünnensee und Buchsee wird der Ort **Wustrow** am Plätlinsee im Süden passiert (Badestelle auf der linken Seite).

Ein See folgt nun auf den nächsten: Der folgende Ort **Strasen** liegt zwischen Großem Pälitzsee und Ellbogensee, der seinen Namen seiner markanten Form verdankt. An seinem Südufer liegt **Großmenow**, das schon in Brandenburg liegt.

Nun geht es schattig durch den Wald, kurz steiler bergauf, dann wieder bergab und vorbei an einer Badestelle am Menowsee nach **Steinförde.** Hier treffen wir auch wieder auf die Obere Havel, die wir überqueren. Nach einer Rechtskurve kommt man nach Steinhavelmühle und fährt weiter auf einem straßenbegleitenden Radweg nach **Fürstenberg (Havel)** 12.

Das auf drei Inseln gelegene Fürstenberg darf sich als einzige Stadt in Deutschland „Wasserstadt“ nennen: Über die Hälfte ihres Stadtgebietes ist Wasserfläche. Sie ist zudem das Zentrum eines ausgedehnten Wald- und Seengebiets, dem Fürstenberger Seenland. Die Seen zählen zu den schönsten und saubersten Badeseen Deutschlands. Der Radweg verläuft nördlich des historischen Stadtzentrums mit Schloss Fürstenberg vorbei.

Mit der Draisine nach Templin
Und wenn man schon in Fürstenberg ist, kann man noch einen halben Tag dranhängen und mit einer Draisine auf der ehemaligen, 17 km langen Bahn-

12 *Highlight* am Wegesrand

Wasserstadt

Fürstenberg (Havel)

Der Ort auf einer Geländekuppe liegt eingebettet in die Fürstenberger Seenlandschaft und verteilt sich malerisch auf drei Inseln zwischen Röblinsee, Baalensee und Schwedtsee. Der staatlich anerkannte Erholungsort ist Deutschlands einzige Stadt, die sich „Wasserstadt" nennen darf – über die Hälfte des Stadtgebietes besteht aus Wasserflächen.

Die reizvolle Wasserlandschaft hat schon früh die Reichen und Mächtigen aus Berlin angezogen, durch den Bahnanschluss 1877 wurde die Anreise in den Ausflugs- und Luftkurort für die Berliner noch einfacher. Durch den Aufschwung Anfang des 20. Jh. konnten sich viele Berliner hier einen eigenen Wohnsitz bauen, die sanierten Villen in der Garten- und Wallstraße zeugen davon.

Die historische Altstadt mit der Wasserburg, der Stadtkirche, dem Rathaus und dem Marktplatz liegt auf der Hauptinsel. Auf der nördlich

Fürstenberg an der Havel

gelegenen Insel, zwischen den Havelarmen Iserdiek und Schulhavel, befinden sich das im 18. Jh. erbaute Stadtschloss und der beliebte Stadtpark. Das Barockschloss Fürstenberg wurde Mitte des 18. Jh. für die mecklenburgische Herzogin Dorothea Sophia erbaut, es ist in Privatbesitz und soll zu einem Hotel umgebaut werden.
Die Stadt hat in den letzten Jahren einige der alten Straßenzüge saniert, dazu zählen die Garten-, die Baalensee- und die Schwedtseestraße. In der Havelstraße stehen die Fischerhäuser, die zu den ältesten der Stadt zählen. Dabei handelt es sich um eingeschossige Fachwerkhäuser. Der Marktplatz und die ihn umrahmenden klassizistischen Bürgerhäuser wurden Anfang des 19. Jh. gebaut. Über dem Marktplatz erhebt sich die Kirche mit einem schlanken hohen Kirchturm.

Die **Eisenbahnfähre Fürstenberg** (Zehdenicker Straße) ist die einzige selbstfahrende Eisenbahnflussfähre Europas. Auf der Homepage der Stadt findet sich ein Vorschlag für einen Stadtrundgang.

Stadterkundung mit dem Kanu

Fürstenberg hat mit dem Fisch-Kanu-Pass die idyllischen Havelarme Gänse-, Priester- und Schulhavel verbunden. Nun ist es möglich, die Altstadt auf dem Wasser zu umrunden, die Fahrt dauert ungefähr 1 Stunde und ist 2,3 km lang. Kanus werden an mehreren Verleihstationen ausgelie-

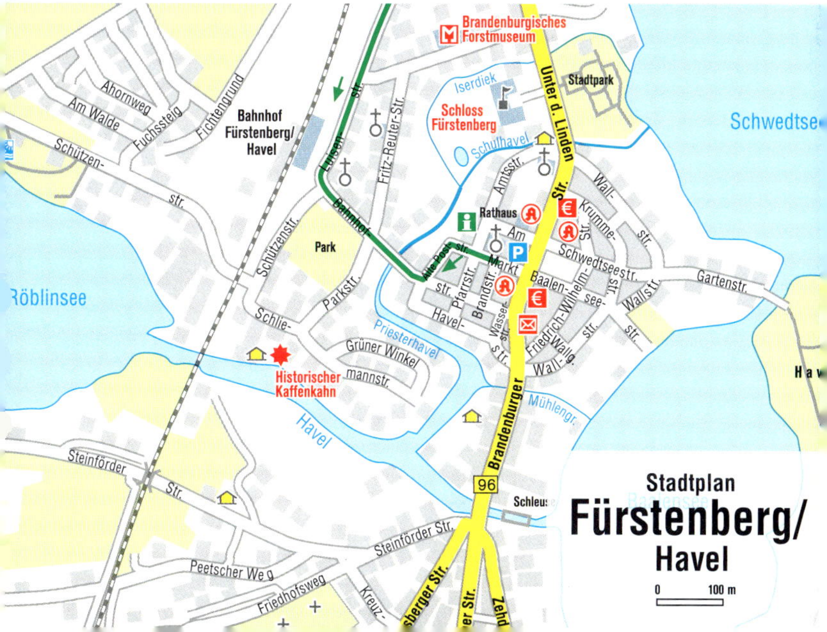

hen; auf der Homepage finden sich ein PDF für die Rundfahrt.

Technisches Denkmal Eisenbahnfähre
Im Südosten des Havelparks liegt östlich der Altstadtinsel an der Havel die 34 m lange Eisenbahnfähre. Sie wurde 1936 in Betrieb genommen, gebaut hatte sie die Fasterstoff GmbH. Im Zweiten Weltkrieg wurden mit der Fähre Zwangsarbeiter und Häftlinge vom KZ Ravensbrück nach Fürstenberg zur Arbeit in den Fabriken transportiert. Nach dem Krieg nutzte die Rote Armee die Fähre.

www.fuerstenberg-havel.de

Wissenswertes im Gepäck

Mahn- und Gedenkstätte Ravensbrück

Wider dem Vergessen

In Ravensbrück wird an das größte Frauenkonzentrationslager auf deutschem Gebiet erinnert. Von 1939–1945 wurden hier etwa 120.000 Frauen und Kinder, 20.000 Männer und 1.200 weibliche Jugendliche als Häftlinge interniert, sie stammten aus über 30 Nationen. Im Juni 1942 baute man zusätzlich noch ganz in der Nähe das so genannte „Jugendschutzlager Uckermark“ für junge Frauen und Mädchen.

Neben dem KZ-Gelände errichtete die Firma Siemens & Halske bis 1942 20 Werkhallen mit Gleisanschluss, in denen Häftlinge ab dem Spätsommer 1942 zur Zwangsarbeit herangezogen wurden. Die Frauen mussten u. a. Spulen wickeln und Relais und Telefone bauen.

www.ravensbrueck-sbg.de

13 *Highlight* am Wegesrand

Zisterzienserkloster Himmelpfort

Ein Traum für Fotografen: Im einstigen Kloster Himmelpfort (lateinisch coeli porta), eine Stiftung von Markgraf Albrecht III. von Brandenburg 1299, lebten Mönche des Zisterzienserordens in der Uckermark. Die Klosterkirche, ein Brauhaus genanntes Wirtschaftsgebäude und die Klostermauer sind als Ruinen teilweise erhalten und als Baudenkmale geschützt. In den Außenmauern wurde 1663 eine neue Klosterkirche gebaut. In der Klosterkirche und im Innenraum der Ruine finden in den Sommermonaten einige Konzerte statt. Gegenüber vom Brauhaus wird seit 1997 wieder der Klosterkräutergarten gepflegt – hier findet man eine für Klöster typische Auswahl an Heil-, Nutz- und Zierpflanzen. Der Garten vermittelt nicht nur altes Wissen über den Kräuteranbau, hier werden auch Pflanzen und Kräuterprodukte verkauft.
www.kloster-himmelpfort.de

trasse zwischen Fürstenberg und Templin in die uckermärkische Kleinstadt Lychen fahren. Die Strecke bis Lychen beträgt hin und zurück 12,5 km. Lychen nennt sich auch die „Flößerstadt“ und wird von insgesamt 7 Seen eingerahmt. Noch heute wird das historische Zentrum von Teilen der mittelalterlichen Stadtmauer umrahmt. Zu den Sehenswürdigkeiten zählt der von Linden umgebene Marktplatz mit dem barocken Rathaus und die wuchtige Stadtkirche St. Johannes (13. Jh.) befindet sich ganz in der Nähe.

In Ravensbrück, ein Ortsteil von Fürstenberg, liegt am Radweg die **Mahn- und Gedenkstätte Ravensbrück**.

Anschließend fahren wir zwischen Stolpsee (Havel) und Sidowsee hindurch nach **Himmelpfort**. Der Ort hat eine ganz besondere Lage, wird er doch von miteinander verbundenen Seen eingerahmt: im Nordwesten der Sidowsee, im Nordosten der Moderfitzsee, im Osten der Haussee mit der Einmündung der Woblitz und im Süden und Westen der von der Havel durchflossene Stolpsee.

Weihnachtspostamt

Der kleine Ort entstand rund um das ab dem 14. Jh. erbaute **Zisterzienserkloster Himmelpfort** 13, von dem nur noch die Ruinen des Mittelschiffs der Klosterkirche erhalten sind. Berühmt ist der Ortsteil von Fürstenberg heute vor allem durch das Weihnachtspostamt. In der Vorweihnachtszeit werden hier hunderttausende Briefe und Wunschzettel bearbeitet. Beim Überqueren der Woblitz kann man links einen schönen Blick auf die Schleuse Himmelpfort werfen.

Bredereiche

Weiter geht es östlich um den Stolpsee herum und durch Wald nach **Bredereiche.** Links vom Radweg mäandriert die Havel nach Süden, um dann südlich von Bredereiche in einem markanten Linksknick nach Osten weiterzufließen. Insgesamt fließt die Havel auf einer Länge von 2 km durch den Ort und teilt ihn in das ehemalige Regelsdorf und den Dorfkern. Bredereiche bedeutet „Siedlung mit der breiten Eiche“: Von Himmelpfort kommend blickt man auf eine rund 400-jährige Eiche. In der Ortsmitte liegt die hübsche Fachwerkkirche aus dem 17. Jh. Innen finden sich zwei 1 m lange Modellschiffe, eines von 1839, das andere von 1939. Im Schifferdorf Bredereiche waren um 1910 50 Schiffe registriert. Eines der beiden Modelle zeigt einen Kaffenkahn von 1839. Nicht nur in Fürstenberg, auch in Bredereiche hat sich so mancher Berliner Unternehmer ein schönes Landhaus errichten lassen, zu diesen zählen Villa Fischer, Villa Helene und die Waldvilla.

Wir queren die Havel bei der Schleuse, die mit einer Hubhöhe von 3 m ganz eindrucksvoll ist. Hinter der Schleuse verlassen wir für einige Kilometer die Havel und fahren durch ein Mosaik aus Wald und Feldern Richtung Süden nach Dannenwalde, einem Ortsteil von Gransee. Das **Herrenhaus Dannenwalde** stammt aus dem frühen 18. Jh., dessen achteckige Kirche heute als of-

Fachwerkkirche in Bredereiche

fizielle **Rad-Wander-Kirche** genutzt wird. Zum Abschluss des Tages kann man dann noch seine Füße auf dem ca. 750 m langen **Barfußpfad** mit 20 Themenstationen (www.barfusspfad-dannenwalde.de) verwöhnen.

Wer den Charme alter Rittergüter und Gutshäuser liebt, dem sei der kleine Umweg über **Gut Boltenhof** **14** (siehe Roadbook) empfohlen. Das ehemalige Rittergut zählt zu den wenigen historischen Gutsanlagen in Brandenburg, die noch weitgehend in der Ursprungsform erhalten sind. Das einstige Rittergut, das Anfang des 19. Jh. entstand, ist heute eine schöne Ferienunterkunft: Aus den ehemaligen Arbeiterwohnungen wurden Ferienwohnungen. Im historischen, unter Denkmalschutz stehenden Gutshaus werden im Landhotel Zimmer vermietet, ergänzt um das Café & Bistro GUTESS und einen Hofladen (www.gutboltenhof.de).

Essen, Trinken & Durchatmen

Ein kulinarischer Abzweig

Direkt am Fürstenberger Schlosspark liegt am Ufer des Schwedtsees das Restaurant **Am Yachthafen**. Es bietet einen malerischen Blick über die Hafenanlagen und den Schwedtsee. Neben italienischen Klassikern gibt es auch Fleisch- und Fischgerichte.

Restaurant Am Yachthafen
Unter den Linden 2
16798 Fürstenberg
Tel. +49 33093 60830
www.restaurantamyachthafen.de

Der Mühlenbetreiber Moritz Michaelis erbaute vor 100 Jahren das Landhaus Himmelpfort am See unter der Bezeichnung „Haus Eichberg". Im **Restaurant Michaelis** mit Terrasse und Seeblick werden kreative Gerichte mit Produkten aus der Region serviert.

Restaurant Michaelis
Eichberg 10
16798 Fürstenberg-Himmelpfort
Tel. +49 33089 44 00
www.landhaus-himmelpfort.de

Ins nördliche Berliner Umland

Die Havel bei der Ziegelei Mildenberg nördlich von Zehdenick

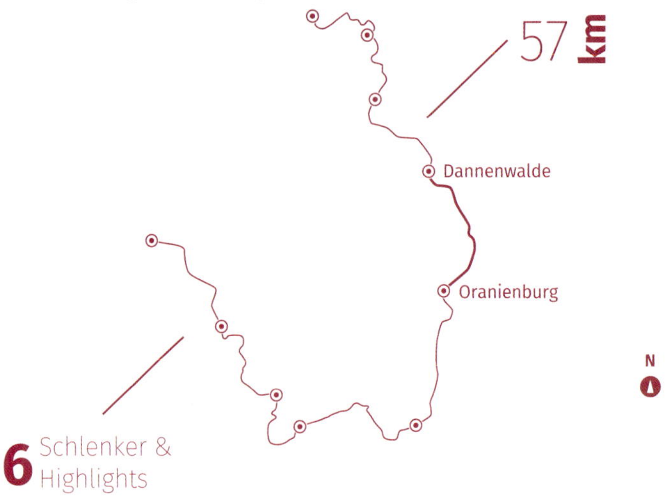

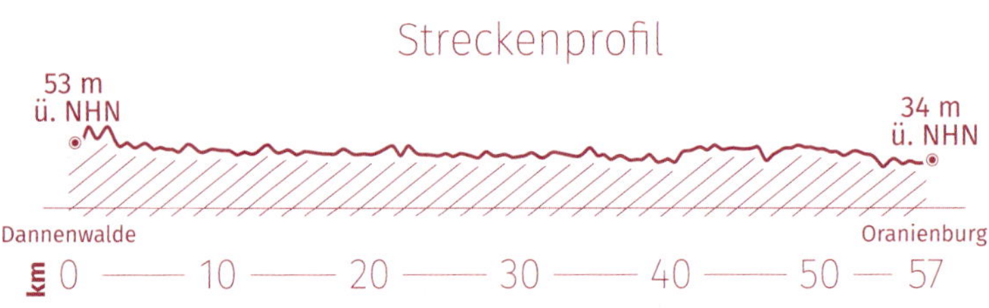

Dannenwalde verlassen wir nach Süden und überqueren auf einer Brücke das Tornowfließ, das den Kleinen Wentowsee im Westen mit dem Großen Wentowsee östlich der B96 verbindet. Nun geht es durch schattigen Wald zum Südufer des Großen Wentowsees (Badestelle). Am Ufer erreichen wir schon bald den idyllischen kleinen Ort **Wentow**, der am See liegt. Das Straßendorf zieht sich entlang des Südufers des Wentowsees und ist fast mit dem nächsten Ort Zabelsdorf zusammengewachsen.

Wentow ist auch der Ausgangspunkt für den rund 8 km langen Abstecher nach **Gransee** 15, das wegen seines historischen Stadtkerns und der mittelalterlichen Befestigungsanlagen ausgesprochen sehenswert ist. Das Städtchen entstand am Schnittpunkt mehrerer Handelsstraßen durch die Mark Brandenburg. Auf dem Weg dorthin liegt die hübsche **Fachwerkkirche Altlüdersdorf**. Die barocke Kirche wurde von Schweizer Kolonisten Anfang des 18. Jh. erbaut.

Auch im folgenden Ort **Zabelsdorf** findet sich eine Feldsteinkirche (13. Jh.). Den nächsten Ort **Marienthal**, der westlich der Havel am Wentow-Kanal liegt, passieren wir im Süden. Im Ort lohnt die hübsche Fachwerkkirche (Ende 18. Jh.) einen Blick. Und wenn man schon den Radweg verlassen hat, empfiehlt sich die kurze Weiterfahrt nach Norden zur **Mühle Tornow** 16, die zur Einkehr und Übernachtung einlädt. Wer sich für eine mehrtägige **Floßfahrt auf der Havel** 17 interessiert, fährt weiter durch Tornow und hält sich dann links zum Nordufer des Wentowsees nach **Ringsleben.**

Der Havelradweg verläuft von Marienthal nach Burgwall parallel und südlich des Wentowkanals, der den

Lohnenswerte Schlenker

Entlang des Weges

Gransee 15

Gut geschützt

Theodor Fontane, der auf seinen „Wanderungen durch die Mark Brandenburg" natürlich auch Gransee besuchte, bezeichnete diese als „die festeste Stadt der Grafschaft Ruppin". Besonders beeindruckt hat ihn die Stadtmauer: „Eine 18 Fuß hohe Mauer, mit fünfunddreißig Wachttürmen besetzt, umzirkte die Stadt, aus deren Mitte die schon genannte Marienkirche aufstieg und über Mauer und Wachttürme hinweg weit ins Ruppinsche und Uckermärkische hineinsah."

Damals wie heute beeindruckt die mächtige Stadtmauer von 1330, die noch zu 80 % erhalten ist, genauso wie die Weichhäuser, der Pulverturm und das Ruppiner Tor. Wahrzeichen der mittelalterlichen Stadt ist die doppeltürmige Marienkirche. Hier lohnt sich der Aufstieg in den Turm, denn nur von oben erfasst man so richtig die besondere Lage von Gransee. Im Süden blickt man über weite Felder und den „Wächter auf der Warte", dem mittelalterlichen Wachturm. Im Norden scheinbar endlose Wälder. Und nur vom Turm aus sieht man auch das schachbrettartige Straßenmuster mit seinen rechtwinkligen Straßen und Blöcken, eingeschlossen von einer runden Stadtmauer. Während die runde Stadtmauer noch

Gransee

aus dem Mittelalter stammt, erinnert der schachbrettartige, planmäßige Grundriss daran, dass die Altstadt nach dem letzten großen Stadtbrand 1711 neu aufgebaut werden musste. Nur ein paar Schritte von der Marienkirche entfernt, fällt das Luisendenkmal auf dem Schinkelplatz ins Auge. Ein auf einem Steinsockel ruhender gusseiserner Sarg erinnert an den Trauerzug, der den Leichnam der preußischen Königin Luise von Neustrelitz nach Berlin überführte und am 25. Juli 1810 auf dem Marktplatz in Gransee Halt machte.

16 Mühle Tornow

Um 1873 befand sich hier eine Wassermühle, die bis 1989 in Betrieb war. Die letzten 20 Jahre wurde sie jedoch nicht mehr mit Wasser, sondern mit Strom betrieben. Von den neuen Besitzern wurde die Anlage denkmalgerecht saniert und nun Zimmer vermietet. Das stilvoll eingerichtete Mühlen-Restaurant verwöhnt die Gäste mit Gerichten aus der Brandenburgischen Küche. Auf der Rückseite der Mühle befindet sich der idyllisch am Mühlenfließ gelegene Sommergarten.

www.muehle-tornow.de

Floßtour 17

Wie wäre es mit einer Nacht auf der Havel und ein oder zwei Tage die Seenlandschaft zu erkunden? Sich einfach treiben lassen, die Sonne und das Plätschern des Wassers zu genießen? Ein Startpunkt dafür ist die Vermietstation am Nordufer des Wentowsees in Ringsleben. Auf dem Floß befindet sich eine ca. 1,60 m hohe Holzhütte, die bis zu 3 Erwachsenen Platz zum Schlafen bietet. Das Floß kann ohne Motorbootführerschein gefahren werden.

Rentafloss Ringsleben
www. rentafloss.de

Highlight am Wegesrand **18**

Ziegeleipark Mildenberg

Ziegel für Berlin

Was wäre Berlin in der Gründerzeit ohne Ziegel gewesen – sie waren der wichtigste Baustoff in dieser Zeit des wirtschaftlichen Aufbruchs gewesen. Wer heute durch die friedliche Tonstichlandschaft um Mildenberg dem Havelradweg folgt, kann sich kaum vorstellen, dass hier einst rauchende Schlote, ratternde Feldbahnen und dampfende Bagger der Alltag waren? Das Schlüsseljahr war 1887, als der Zufallsfund von Ton beim Bau einer Eisenbahnbrücke den Startschuss für die Entwicklung der Region zum größten Ziegeleirevier Europas wurde. Zu Boomzeiten arbeiteten mehr als 5.000 Menschen im Zehdenicker Revier.

Der Ziegeleipark mit seinen Ausstellungen in den original erhaltenen Gebäuden und Werkshallen spannt den Bogen von den Gründerzeiten der 1890er-Jahre bis hin zur Schließung des letzten Ziegeleiwerks 1990. Eine wesentliche Voraussetzung für die industrielle Herstellung von Ziegeln waren die Erfindung des Hoffmannschen Ziegelringofens (1858) – er machte erst die Massenproduktion bei gleichbleibender Qualität möglich – und des maschinenbetriebenen Tonschneiders (1880).

Museumshafen:
Ein großer Standortvorteil war die Lage der Tonvorkommen an der Havel, die es ermöglichte, dass jede der vielen Ziegeleien ihren eigenen Hafen unterhielt und ihre Pro-

Großen Wentowsee mit der Havel verbindet. In **Burgwall** waren Mitte des 19. Jh. 13 Segelschiffe registriert. Das älteste Haus des Ortes ist das Gasthaus zur Fähre an der Havelstraße, mit seinem Biergarten ist es heute eine beliebte Raststation für Fahrradfahrer, Freizeitkapitäne und Spaziergänger.

Tonstichlandschaft Mildenberg
Mal unweit des Havelufers, dann wieder etwas entfernt geht es an mehreren Tonstichen und alten Ringöfen vorbei nach Süden ins Nachbardorf Mildenberg, wo der **Ziegeleipark Mildenberg** **18** interessierte Besucher anzieht. Heute kaum vorstellbar, war Mildenberg Ende des 18. Jh. einer der bedeutendsten Produktionsstätten für Ziegelsteine, die in der Gründerzeit für den Bau von Wohn- und Industriegebäuden in unvorstellbaren Men-

Ziegeleipark Mildenberg

duktion zeitnah mit Kähnen nach Berlin transportieren konnte. Im Museumshafen liegt einer der originalen Finow-Maßkähne, die damals im Einsatz waren. Aus dieser Zeit stammt auch das Sprichwort: „Berlin ist aus dem Kahn gebaut". Über 60 Ringöfen brannten um 1914 jährlich etwa 500 Millionen Ziegelsteine, die über die Havel und den Voßkanal in den Großraum Berlin verschifft wurden.

Feldbahn: Feldbahnen sorgten auf dem weitläufigen Betriebsgelände für den Transport von Ziegeln, Kohle und allen weiteren notwendigen Materialien. Heute kann man eine Fahrt mit der Bahn unternehmen, bekommt einen guten Überblick über das weitläufige Areal und schon erste Informationen zu den einzelnen Gebäuden. *www.ziegeleipark.de*

gen gebraucht wurden. Über 100 elektrisch angetriebene Binnenschiffe (der Strom wurde zum Teil mit Wasserkraft erzeugt) transportierten um 1900 jährlich bis zu 200 Millionen Ziegel- und Kalksandsteine nach Berlin. Bis 1990 wurden hier Ziegel produziert.

Wir folgen den Wegweisern und umrunden den Ziegeleipark im Westen und Süden und sollten uns dann Zeit nehmen, dieses einzigartige Industriedenkmal zu besuchen. Zum Eingang des Ziegeleiparks sind es nach dem großen Parkplatz nur wenige Meter.

Südlich des Areals verläuft der Radweg über eine extrem schmale Landbrücke zwischen zwei Tonstichen hindurch und führt nach einer Werkssiedlung Richtung Südosten an weiteren Tonstichen vorbei zum nordwestlichen Orts-

Die Klappbrücke in Zehdenick

Highlight am Wegesrand 19

Zehdenick

Die Ursprünge der Havelstadt reichen zurück bis zu einer slawischen Befestigung an einem alten Übergang über die Havel. Wichtig für die Entwicklung der Siedlung war das um 1250 gegründete **Zisterzienserkloster**. Von der einst eindrucksvollen Klosteranlage sind heute nur noch (fotogene) Ruinen wie die Giebelwände und der Kreuzgang erhalten geblieben.

Zehdenick und die umliegenden Ortschaften blicken auf eine lange Tradition im Kahn- und Schiffbau zurück. Um 1935 waren in Zehdenick etwa 500 Schiffer mit rund 290 Lastkähnen registriert, nach 1945 waren es noch rund 200 Schiffseigner. Seit 2001 gab es ein Schiffermuseum in einem Großfinowmaßkahn mit einer Ausstellung zur Geschichte der Havel-Schifffahrt. Die „Carola" hatte 84 Jahre auf Elbe und Havel seinen Dienst getan, mit einer Länge von 42,5 m und einer Breite von 5,06 m hatte sie die richtigen Maße für das Elbe-Havel-Fahrtgebiet. Wegen des schlechten Zustands des Schiffs hat der Betreiberverein 2021 seine Arbeit eingestellt. Was aus dem Schiff wird, ist noch unklar.

Schöne Fotospots sind auch die nahe gelegene Elisabethmühle, die Schleuse von 1909 und die Zugbrücke. Die **Elisabethmühle** in der Schleusenstraße ist die einzig erhaltene von allen alten Mühlen des Ortes. Nach 1840 zu einer Wollspinnerei und Tuchweberei umgewandelt, wurde sie 1884 wieder als Mahlmühle genutzt. Heute haben hier die Stadtwerke ihre Verwaltung untergebracht.

Die Hastbrücke, eine **Doppelzugklappbrücke** über die Havel, wurde 1991 errichtet. Sie ersetzt mehrere Vorgängerbrücken zwischen Zehdenick und seinem Ortsteil Hast.

Nördlich des Havelschlosses stoßen Technikbegeisterte auf ein weiteres Technisches Denkmal, das überdachte **Trockendock**, das auch heute noch für Reparatur- und Wartungsarbeiten genutzt wird.

Gebaut wurde es Mitte des 18. Jh. und hat heute Seltenheitswert.

Eine romantische Übernachtungsmöglichkeit bietet das **Havelschloss Zehdenick** auf einer Halbinsel direkt an der Havel. Hier hatte vor 800 Jahren eine Slawenburg gestanden.

www.zehdenick.de

Wissenswertes im Gepäck

Finowkanal

Finowmaß und Finowmaßkähne

Der denkmalgeschützte Finowkanal ist die älteste künstliche Wasserstraße in Deutschland. Ein erster Finowkanal wurde 1605–20 erbaut und verband die Stromgebiete von Havel und Oder, verfiel aber durch die Wirren des Dreißigjährigen Kriegs. Ab 1743 wurde er wiederhergestellt. Damals war er 43 km lang; für die Überwindung des Höhenunterschieds von 38 m wurden 10 Schleusen gebaut. Im 19. Jh. stieg das Verkehrsaufkommen jedoch so stark, dass der Bau größerer Schleusen notwendig wurde. 1841–50 wurden im Schnitt14.000 Kähne und rund 53.000 Floßhölzer geschleust.

Das Finowmaß als Planungsgrundlage

1845 legte man das Finowmaß fest – es war das erste standardisierte Binnenschiffmaß und wurde speziell für den Finowkanal festgelegt. Gemäß dem Maß wurden die Kanalschleusen gebaut, so konnten immer zwei Kähne (40,2 m lang und 4,6 m breit) gleichzeitig geschleust werden. In der Folge wurden diese Lastkähne **Finowmaßkähne** genannt.

„Langer Trödel"

Der Finowkanal ist 32 km lang, zweigt im Westen bei der Zerpenschleuse (10 km östlich von Liebenwalde) vom Oder-Havel-Kanal ab und mündet weiter östlich beim Schiffshebewerk Niederfinow in die Alte Oder. 2016 wurde der westliche, 10 km lange Kanalabschnitt **„Langer Trödel"** zwischen Liebenwalde und Zerpenschleuse wieder für den Bootsverkehr geöffnet, sodass der Finowkanal nun in seiner ganzen historischen Länge (43 km) komplett befahrbar ist.

Oder-Havel-Kanal

Zum Ende des 19. Jh. war der gewundene Finowkanal der wachsenden Industrialisierung und dem Aufkommen der Dampfschifffahrt verkehrstechnisch nicht mehr gewachsen. 1906 wurde daher der Startschuss für den Bau des Großschifffahrtsweges zwischen Berlin und Stettin begonnen, der 1914 kurz vor Beginn des Ersten Weltkriegs zunächst als **Hohenzollernkanal** (später Oder-Havel-Kanal) dem Verkehr übergeben wurde. Den neuen Kanal konnten Schiffe bis zu 65 m Länge und 8 m Breite befahren, er war damit deutlich leistungsfähiger als der alte

Finowkanal. Der 54 km lange Oder-Havel-Kanal verbindet die Havel südlich von Oranienburg mit der Alten Oder bei Niederfinow. Als Beginn des Kanals hat man die Mündung der Oranienburger Havel festgelegt. Der Kanal folgt über weite Strecken dem früheren Malzer Kanal und ersetzt dann bis zu seinem östlichen Ende den älteren Finowkanal.

eingang von **Zehdenick** 19. Mittelpunkt der Stadt ist der Markt mit dem Rathaus von 1803, daneben steht die 1871 gepflanzte Friedenseiche.

Kurz hinter dem Zisterzienserinnenkloster verlassen wir Zehdenick nach Süden und halten uns am Ortsrand links zur Havel. Diese queren wir und folgen für rund 10 km einer Fahrradstraße, die westlich des Vosskanals nach Süden führt – mit Blick auf Felder und Wiesen und auf die mäandrierende Havel. Der 14 km lange **Vosskanal** wurde östlich der windungsreichen „Schnellen Havel“ zwischen 1823 und 1826 gebaut und verbindet Zehdenick mit Liebenwalde.

Kurz vor **Bischofswerder** endet die Fahrradstraße. Im Ort queren wir bei der Schleuse den Kanal, danach entfernt sich der Radweg vom Vosskanal. Bald sind die Kirche und das Rathaus von **Liebenwalde** erreicht. Das Heimatmuseum der Stadt im ehemaligen Gefängnis zeigt Exponate zu den Themen Schifffahrt (vor allem auf dem Finowkanal) und Stadtgeschichte und präsentiert zumindest eine „echte“ Gefängniszelle.

Auf dem Weg nach Oranienburg queren wir am südlichen Ortsrand der Stadt den **Finowkanal** bzw. dessen 10 km langen westlichen Abschnitt „Langer Trödel“.

Wissenswertes im Gepäck

KZ Sachsenhausen
und KZ Oranienburg

Das Konzentrationslager Sachsenhausen wurde im Sommer 1936 von Häftlingen aus den Emslandlagern errichtet. Am Reißbrett von einem SS-Architekten geplant, sollte die als idealtypisches Konzentrationslager geplante Anlage Modell- und Schulungslager sowie ein Konzentrationslager in unmittelbarer Nähe der Reichshauptstadt werden. Zwischen 1936 und 1945 waren im KZ Sachsenhausen mehr als 200.000 Menschen inhaftiert.

13 Dauerausstellungen, die zumeist in Original-

Barackenschlafplätze im KZ Sachsenhausen

gebäuden präsentiert werden, machen die komplexe Geschichte Sachsenhausens an den authentischen Orten erfahrbar.
Straße der Nationen 22

KZ Oranienburg
In der Innenstadt von Oranienburg – nur 3 km südlich des Konzentrationslagers Sachsenhausen – wurde 1933 von den Nationalsozialisten auf dem Gelände einer ehemaligen Brauerei das Konzentrationslager Oranienburg als Modell- und Schulungslager errichtet.

Zunächst war es vor allem ein „Lager der Rache", in dem die Nationalsozialisten ihre politischen und intellektuellen Gegner aus den Straßenkämpfen und Redeschlachten der Weimarer Republik zur Abschreckung inhaftierten. Zwischen März 1933 und Juli 1934 (Auflösung) waren hier rund 3.000 Personen inhaftiert, zumeist politische Gegner aus Berlin, Oranienburg und der Umgebung – Abgeordnete des Reichstages und des Preußischen Landtages ebenso wie führende Mitarbeiter des Berliner Rundfunks und Intellektuelle. Es war auch ein Propagandalager, Wochenschau-Filmaufnahmen aus dem Lager wurden in den deutschen Kinos gezeigt.
Berliner Straße 47
www.sachsenhausen-sbg.de

Außenansicht: KZ Sachsenhausen

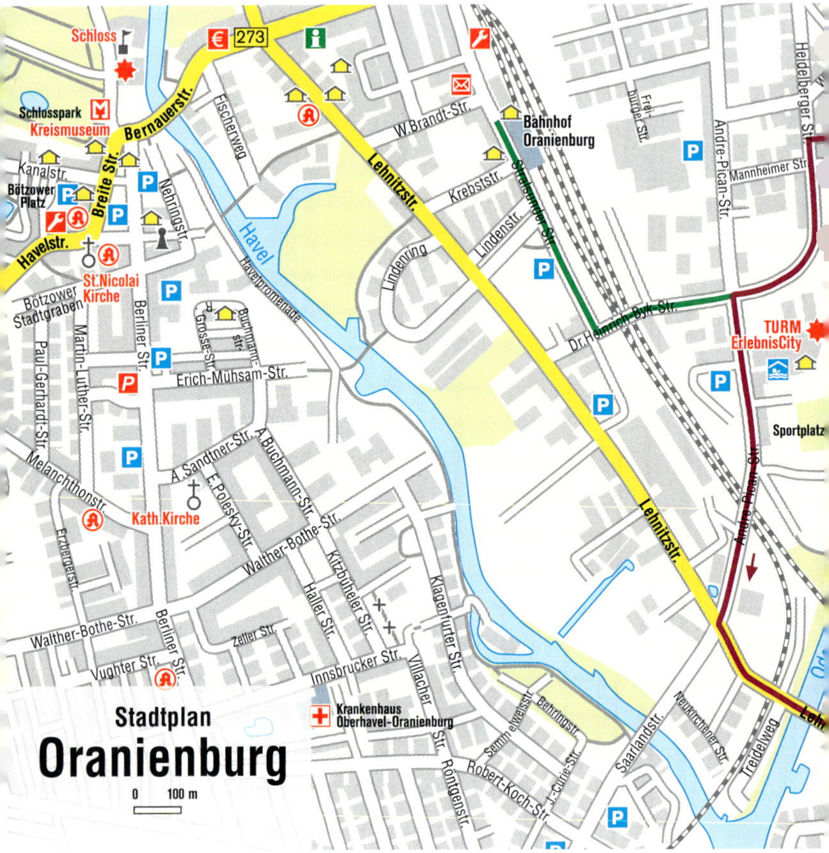

Nach knapp 7 km geradewegs nach Süden und wir queren den nächsten Kanal, den **Havel-Oder-Kanal**. Hier biegt der Radweg nach Südwesten ab und verläuft nun durch Wald nach **Bernöwe,** das wir nach rund 6 km ab dem Kanal erreichen. Wer sich für verfallende Gebäude interessiert, stößt wenige Kilometer weiter auf das Areal der **Lungenheilstätte Grabowsee.** Wir queren erneut den Oder-Havel-Kanal und folgen diesem zur Schleuse Lehnitz. Von hier ist es nicht weit zur westlich gelegenen **Gedenkstätte Sachsenhausen.**

Der Havelradweg führt nun landschaftlich schön am Westufer des

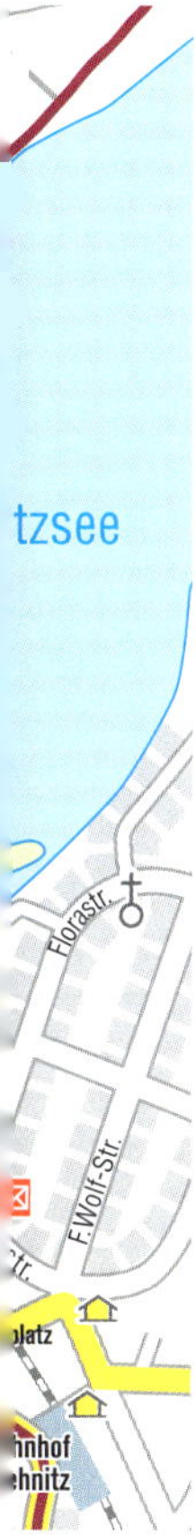

Oranienburg: Waisenhaus und St.-Nikolai-Kirche

Lehnitzsees entlang nach **Oranienburg**. Die rund 35 km nördlich von Berlin am Oberlauf der Havel liegende Stadt wird von ausgedehnten Wäldern und vielen Gewässern geprägt. Im Zweiten Weltkrieg erlebte es großflächige Zerstörung, 60 % des Stadtgebietes wurden zerstört. Das historische Zentrum um die Nikolaikirche und dem **Schloss Oranienburg** 20 sowie der Bahnhof Oranienburg liegen westlich des Radwegs.

Wer nicht mit dem Rad durch den Berliner Westen fahren möchte, kann hier in die S-Bahn steigen und ab Wannsee die Tour fortsetzen.

Highlight am Wegesrand **20**

Schloss Oranienburg

Ein Geschenk für die Prinzessin

Historisches und kulturelles Zentrum der Stadt ist das (restaurierte) Schloss Oranienburg, das älteste Barockschloss der Mark Brandenburg. Keimzelle des heutigen Schlosses war die Domäne Bötzow mit einem neu errichteten Wasserschloss, das der Große Kurfürst 1650 seiner Frau Louise Henriette von Oranien, Gräfin von Nassau, schenkte. Die Kurfürstin ließ sich dort ab 1651 ein Schloss ganz im Stil des niederländischen Barock errichten und gab ihrem Landsitz den Namen Oranienburg, der 1652 auch auf den Ort überging. Das Schloss ist eines der vier „Mutterhäuser" des niederländischen Königshauses.

Unter Kurfürst Friedrich Wilhelm und König Friedrich I. (Sohn von Louise Henriette) wurde das Anwesen gegen Ende des 17. Jh. erweitert und

Schloss Oranienburg an der Havel

Die Havel in Oranienburg, im Hintergrund das Schloss

prachtvoll ausgestattet und galt damals als die schönste preußische Residenz.

Prinz August Wilhelm von Preußen, ein Bruder von Friedrich dem Großen, ließ das Schloss Mitte des 18. Jh. ausbauen und verschönerte auch den Schlosspark. Nach den Zerstörungen des Zweiten Weltkriegs wurde es in der Nachkriegszeit als Kaserne der Volkspolizei bzw. von Grenztruppen genutzt. Seit 1999 wird das Schloss saniert und restauriert und alle historisch bedeutenden Räume wiederhergestellt. Heute birgt es neben der Stadtverwaltung von Oranienburg das **Schlossmuseum** (mit Gemälden niederländischer Meister, Gobelins, dem berühmten Porzellankabinett und Preußens Silberschätzen in der Silberkammer) und das **Kreismuseum Oranienburg** (Regional- und Kulturgeschichte, Kunst, Kunsthandwerk, Volkskunde und Binnenschifffahrt).

Für die Landesgartenschau 2009 wurde auch der **Schlosspark** wiederhergestellt, ein neuer Schlosshafen und eine Havelpromenade angelegt. Mit der Besichtigung des Schlosses, seiner imposanten Räume, den lohnenden Ausstellungen und einem ausgedehnten Bummel durch den Schlosspark vergeht ein Tag wie im Flug.

www.spsg.de

Wissenswertes im Gepäck

Fortschrittliche Prinzessin

Luise Henriette

Brandenburg hatte stark unter dem Dreißigjährigen Krieg gelitten, es war arm und wenig besiedelt. Das Fischerstädtchen stand damals vor einer ungewissen Zukunft, seine Bewohner konnten den Wiederaufbau alleine nur schwer bewältigen. Ganz anders dagegen ging es den Oraniern in den fernen Niederlanden, die nicht nur reich, sondern auch deutlich fortschrittlicher waren.

Dieses Wesen verkörperte auch die Oranier-Prinzessin Louise Henriette: Die älteste Tochter des niederländischen Generalstatthalters Prinz Friedrich Heinrich von Oranien (reg. 1625–1647) und seiner Gemahlin Prinzessin Amalie von Solms-Braunfels (1602–1675) wurde 1646 mit Kurfürst Friedrich Wilhelm verheiratet, gegen ihren Willen. In ihrer neuen Heimat baute sie sich nicht nur ein Schloss nach ihren Vorstellungen, sondern legte rund um dieses Obst-, Gemüse- und Blumengärten, Wasserspiele, künstliche Kanäle sowie einen Landschaftsbetrieb an. Auf ihre Kosten wurden viele Bauernhöfe gebaut, deren Bewirtschaftung holländische Kolonisten übernahmen, die mit Steuererlässe bzw. -vergünstigungen ins Land gelockt wurden. Kleines Kuriosum am Rande: Die ersten Kartoffeln Deutschlands wurden hier angebaut – bis dahin aß man hauptsächlich Brot.

Im Stadtzentrum erinnert vor allem ein Gebäude an die Prinzessin: das ehemalige **Waisenhaus,** ein 1655 errichteter neunachsiger Backsteinbau im Stil des holländischen Frühbarocks. Es war das erste seiner Art in Deutschland und wurde von der Prinzessin aus Dankbarkeit für die Geburt des Thronfolgers für insgesamt 24 Kinder gestiftet. Beim Stadtbrand 1671 ging es in Flammen auf, wurde aber schon 1675 wiederaufgebaut.

Die Einrichtung war für damalige Zeiten sehr fortschrittlich, die Kinder waren nicht nur untergebracht und versorgt, sondern erhielten auch eine Schulausbildung und konnten anschließend eine Handwerks- (Jungen) oder eine hauswirtschaftliche Ausbildung (Mädchen) absolvieren.

Essen, Trinken & Durchatmen

Ein kulinarischer Abzweig

Das **Gasthaus zum Alten Hafen** bietet sich für eine Einkehr nach dem Besuch der Ziegelei Mildenberg an. Die Karte ist klein, aber fein. So stammt das Fleisch für die Koteletts vom Havelländer Apfelschwein aus der Prignitz, den Fisch haben Müritz-Fischer gefangen. Wenn er auf der Karte steht, sollte man den zarten Havelzander probieren – mit Blick auf sein ehemaliges Refugium und viel Grün.

Alter Hafen
Ziegelei 11
16792 Zehdenick
Tel. +49 3307 30 18 70
www.gasthaus-alter-hafen.de

Das **Schlossrestaurant „Lieschen und Louise“** im Schloss Oranienburg serviert gehobene deutsche und mediterran inspirierte Küche. In der Tradition der niederländischen Kurfürstin, die damals Gemüsegärten für ihre Küche anlegte, wird auch heute in der Küche Wert auf regionale Qualität und Saisonalität gelegt. Im Sommer wird auf der Sommerterrasse direkt an der Havel eingedeckt.

Schlossrestaurant Oranienburg
Am Schlossplatz 1
16515 Oranienburg
Tel. +49 3301 70 25 47
www.schlossrestaurant-oranienburg.de

SCHLOSS

Blick über die Havel nach Süden, links der Turm der Heilandskirche in Sacrow

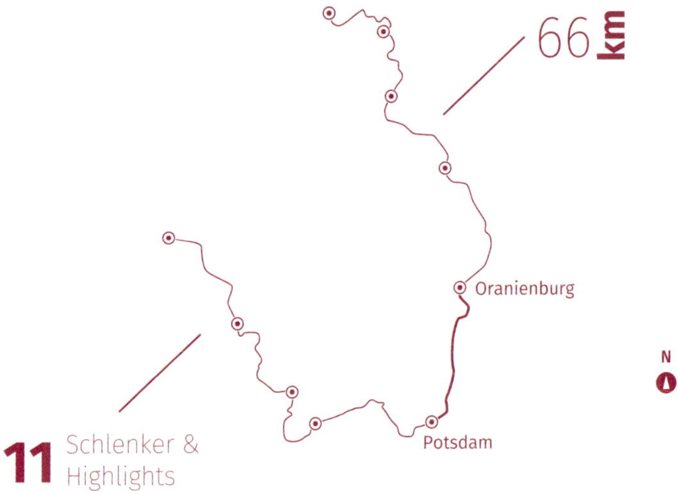

Streckenprofil

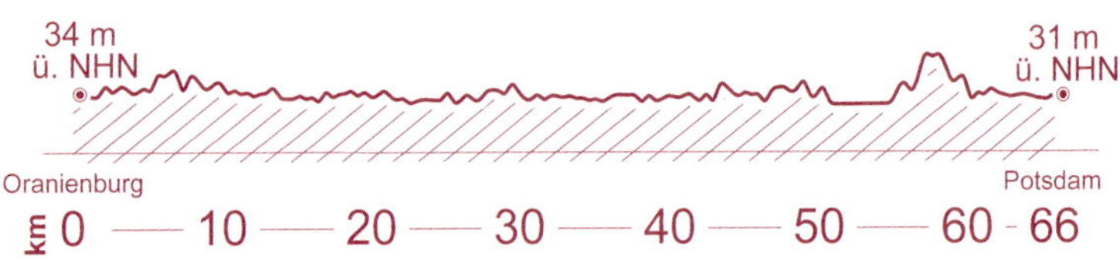

Durch den Westen von Berlin

Oranienburg, Spandau, Wannsee, Potsdam …

… auch ohne ins Zentrum von Berlin zu fahren, kommen wir auf diesem Abschnitt des Havel-Radwegs zu einigen der Hauptsehenswürdigkeiten der Hauptstadt. Auf dem Weg nach Potsdam, der zum Teil auf dem Berliner Mauerweg verläuft, kommen wir zudem an mehreren Orten vorbei, die an die deutsche Teilung erinnern.

Wir starten an der Kreuzung André-Pican-Straße/Lehnitzstraße und orientieren uns Richtung Lehnitz, queren den Oder-Havel-Kanal und sind im Oranienburger Stadtteil Lehnitz. Durch Kiefernwald fahrend geht es über Borgsdorf, Briese und Birkenwerder nach Henningsdorf, wo wir nach vielen flussfernen Kilometern wieder auf den Oder-Havel-Kanal stoßen. Kurz vor dem Kanal treffen wir beim Kreisverkehr auf den Berliner Mauerweg.

Immer am Fluss entlang

Die Route führt ab Henningsdorf für viele Kilometer bis zum Wannsee beständig nach Süden. Wir umrunden zunächst den Stadthafen Henningsdorf, in dem meist einige Ausflugsschiffe vor Anker liegen, und folgen der Uferpromenade am westlichen Kanalufer. Nach der Brücke über den Havelkanal folgen wir erneut der Uferpromenade in Nieder Neuendorf (nördlich eine Badestelle). Unübersehbar ist der **Grenzturm Nieder Neuendorf** 21, der direkt am Radweg steht. Er ist einer der letzten Wachtürme der DDR und bietet innen eine Ausstellung zur deutschen Teilung. Gebaut wurde er an einer Engstelle der Havel gegenüber von der Landspitze von Heiligensee.

Rastplätze am Wasser und Informationstafeln zum Geschehen an der Berliner Mauer begleiten einen auf den folgenden Kilometern auf den land-

Highlight am Wegesrand **21**

Grenzturm Nieder Neuendorf

Zeitzeuge deutscher Geschichte

Direkt am Nieder Neuendorfer See, der aufgeweiteten Havel, liegt Nieder Neuendorf. Hier verläuft die „Grenze" zwischen Berlin und Brandenburg und hier verlief auch die Grenze zwischen der Deutschen Demokratischen Republik (DDR) und West-Berlin.

Der Grenzturm am Uferbereich ist einer der letzten vorhandenen Wachtürme der DDR im ehemaligen Grenzabschnitt Berlin. Er ist 1987 als Führungsstelle des Grenzregimentes 38 „Clara Zetkin" erbaut worden. Von hier aus wurde die Kontrolle des 10 km langen Abschnittes von Schönwalde bis Stolpe-Süd koordiniert, an dem 18 weitere Grenztürme standen.

1999 hat die Stadt Hennigsdorf den Grenzturm unter Denkmalschutz gestellt und für die Öffentlichkeit zugänglich gemacht. Eine Ausstellung vermittelt die zeitlichen Geschehnisse vom Ende des Zweiten Weltkrieges bis zur Vollendung der deutschen Einheit. Am Beispiel des Grenzregiments „Clara Zetkin" wird der Alltag der DDR-Grenztruppen geschildert. Historische Filmaufnahmen und ein Audioguide lassen den Besuch zu einem eindrücklichen Erlebnis werden. Der Turm ist von Anfang April bis zum 3. Oktober geöffnet. *www.hennigsdorf.de/Stadtleben/Kunst-und-Kultur/Grenzturm-Nieder-Neuendorf/*

Grenzturm Nieder Neuendorf

schaftlich schönen Radweg, vorbei an der Siedlung Papenberge und der **Laubenkolonie Erlengrund**.

Von dort geht es weiter zum vielbesuchten Ausflugslokal Jagdhaus Spandau. Der dortige Sandstrand trägt den netten Namen „Bürgerablage". Wir folgen weiter dem Havelufer und kommen in eine Neubausiedlung am Teufelsseekanal. Wir queren diesen und wenig später auch den Aalemannkanal und verlassen dann auf Höhe der Marina die Havel.

Den Wegweisern folgend fahren wir durch Spandau, umrunden den Nordhafen und folgen dem Havelufer bis zur Brücke zur Havelinsel Eiswerder. Nach dem Queren des Mühlengrabens bieten sich zwei Besichtigungen an: der hübschen **Altstadt von Spandau** 22 und der **Zitadelle Spandau** 23. Für die Fahrt zur Zitadelle fahren wir auf dem Radweg über die Juliusturmbrücke und biegen anschließend links ab zur Rad- und Fußgängerbrücke zur Zitadelle. Die quadratische Festung mit ihren vier Bastionen König, Königin, Kronprinz und Brandenburg am Zusammenfluss von Havel und Spree wurde 1560 unter Kurfürst Joachim II. begonnen und nach 30 Jahren Bauzeit fertiggestellt. Neben dem Besuch der eindrucksvollen Befestigungsanlage lohnt der Besuch des Stadtmuseums.

Die **Spandauer Altstadt** selbst ist klein und kompakt und lässt sich am besten zu Fuß erkunden. Bis auf einige Bausünden wirkt sie mit ihrer teils

Wissenswertes im Gepäck

Am Wochenende in die
Laubenkolonie

Die beiden Laubenkolonien Erlengrund und Fichtewiese an der Havel waren von 1955 bis 1988 westdeutsche Exklaven im DDR-Bezirk Potsdam. Die Besitzer der Wochenendhäuser durften nur auf speziellen Korridoren zu ihren Häuschen gehen – auf einem eigenen Plattenweg zwischen einer Umfassungsmauer. Voraussetzung dafür war ein Passierschein und die frühzeitige Anmeldung bei den Grenztruppen der DDR. Diese erlaubten das Betreten zu festgelegten Zeiten. Das Gelände war durch eine „eigene" Mauer abgesperrt, am Zugangsweg in Höhe der Spandauer Grenze gab es ein Fußgängertor mit Klingel. Auch das Baden war den Westberlinern in diesen Jahrzehnten verboten, Grenzboote patrouillierten unerbittlich vor dem Havelufer.

Highlights am Wegesrand

Spandau

Altstadt 22

Spandau ist 5 Jahre älter als Berlin, was die stolzen Spandauer auch gerne Fremden gegenüber betonen. Vieles der alten Bausubstanz ging durch Stadtbrände und die Weltkriege verloren, der mittelalterliche Grundriss der Altstadt ist aber bis heute erhalten geblieben. Gleiches gilt für die zahlreichen Baustile, in denen hier über die Jahrhunderte gebaut wurde.

Wir beginnen den Spaziergang am **Rathaus**, gegenüber vom Bahnhof Spandau. Das imposante Rathausgebäude mit dem hohen Turm wurde 1913 mit der Absicht errichtet, gegenüber dem benachbarten Berlin Größe und Unabhängigkeit zu demonstrieren. Auch gegenüber der Kirche wollte die Bürgerschaft ihr Selbstbewusstsein zeigen. Darum musste der Rathausturm auch höher werden als die altehrwürdige St.-Nikolai-Kirche, eine der wenigen erhaltenen Kirchen aus dem mittelalterlichen Berlin.

An der Nordspitze der Altstadt befindet sich der älteste Teil der Altstadt, der **Behnitz**, im Volksmund auch Kolk genannt. Hier findet man noch intakte Reste der Stadtmauer, enge Gassen, Fachwerkhäuser und eine kleine Kirche. Die schlichte **Backsteinkirche „St. Marien am Behnitz“**

blickt auf eine interessante Geschichte zurück. Ihre katholische Gemeinde entstand Anfang des 18. Jh. im protestantischen Spandau, da Friedrich Wilhelm I. Arbeiter aus dem katholischen Lüttich für die Spandauer Gewehrfabriken anwarb.

Am Hohen Steinweg steht das letzte, fast original erhaltene Stück der Stadtmauer. 1319 begannen die Bürger Spandaus, ihre Stadt mit einer massiven Mauer zu umgeben. In der Breite Straße steht das **Gotische Haus,** das älteste Bürgerhaus Berlins. Das Haus aus dem 15. Jh. wurde saniert und beherbergt die Touristeninformation Spandau.

Durch die Kirchgasse geht es zur **St.-Nikolai-Kirche**, dem Wahrzeichen der Altstadt. Sie ist ein Symbol für die Reformation in der Mark Brandenburg. Kurfürst Joachim II. nahm hier einst den protestantischen Glauben an. So erklärt sich auch, warum sein Standbild das Kirchenportal bewacht.

An der Jüdenstraße Ecke Ritterstraße ist noch ein Ackerbürgerhaus zu bewundern, das sogenannte **Wendenschloss**. Als Ackerbürger bezeichnete man Bauern, die in der Stadt lebten, also Bürgerrechte besaßen, ihren Lebensunterhalt aber mit Landwirtschaft bestritten. *www.visitspandau.de*

Die Zitadelle Spandau

Zitadelle 23

Die Zitadelle Spandau ist eine der besterhaltenen Festungen der Renaissancezeit. Sie wurde 1594 von italienischen Architekten anstelle der Burg Spandau errichtet, als mit der Entwicklung von Feuerwaffen mittelalterliche Burgen an Bedeutung verloren. In Kriegszeiten sollte sie den Schutz der Residenzstadt Berlin-Cölln übernehmen.

Die symmetrische und vollständig von Wasser umgebene Anlage hat vier Bastionen. Dank ihrer Bauweise hatte die Festung keine toten Winkel. In der Zitadelle gibt es mehrere Museen und Dauerausstellungen, darunter eine zur Geschichte von Burg und Festung. Das Stadtgeschichtliche Museum im Zeughaus gibt einen Überblick über die Geschichte der Havelstadt. Die Zitadelle ist ganzjährig geöffnet. *www.zitadelle-berlin.de*

mittelalterlichen Straßenführung immer noch kleinstädtisch.

Am südlichen Ende von Spandau überqueren wir den Mühlengraben und fahren unter der **Eisenbahnbrücke** hindurch, deren Bau sich als teurer Schildbürgerstreich entpuppt hat.

Nach einem kurzen Uferstück lotsen uns Wegweiser durch die Stadt, dann folgen wir dem Westufer des Grimnitzsees und erreichen schließlich die **Havelbucht Scharfe Lanke**; an der Uferstraße liegen zahlreichen Wassersportclubs und Marinas. Auf den folgenden Kilometern bleiben wir westlich der Havel, mal flussnah, mal etwas weiter entfernt. Ab und zu gibt es Badewiesen oder kleine sandige Badestellen.

Gatower Mühle

Gatow und **Kladow**, die beiden südlichsten Ortsteile des Bezirks Spandau, sind immer noch Dörfer fernab der Großstadt mit Feldern und Einfamilienhäusern, von denen einige durch ihre Traumlage direkt an der Havel zu den besten Wohnlagen Berlins zählen. Dazu gehört zum Beispiel die Villa Lemm am Rothenbücher Weg in Gatow, erbaut im Stil eines englischen Landhauses. Geht man von der Dorfkirche in Gatow, eine Feldsteinkirche aus dem 13. Jh., hinunter zum Wasser, öffnet sich der Blick über die Havel zum Wannsee. Am 52 m hohen Windmühlenberg steht die Gatower Mühle, eine voll funktionsfähige Bockwindmühle von 1845.

Vieles im Dorf **Alt-Kladow** ist zwar der Feuersbrunst von 1808 zum Opfer gefallen, doch einige schöne Häuser mit Stuckdekor und Jugendstil-Fassaden zeugen noch vom einstigen bäuerlichen Wohlstand. Wohlhabend waren auch diejenigen, die sich Anfang des 20. Jh. hier ihre Villen bauten: Die ländliche Idylle vor den Toren Berlins lockte die Ruhe suchenden Großstädter an die Havel. Nach dem Deutsch-britischen Yachtclub führen rechts Wege zum **Gutshaus Neukladow** auf einem etwas erhöht liegenden Plateau, inmitten eines Parks und mit herrlicher Aussicht auf den Wannsee (www.gutshausneukladow.de).

In Kladow waren auch die Briten stationiert, 3000 Mann in den Montgomery-Barracks. Wenn die Queen in Berlin zu Besuch kam, landete sie am Flugplatz Berlin-Gatow. Bis 2014 wurde auf dem ehemaligen Flugfeld Gatow eine große neue Wohnsiedlung errichtet. Beim Tower befindet sich eine Außenstelle des **Militärhistorischen Museums der Bundeswehr** mit einer Sammlung historischer Flugzeuge. In der Ausstellung geht es um die Geschichte der militärischen Luftfahrt und der Luftkriege. Auch die Rolle des Flugplatzes Gatow bei der Berliner Luftbrücke wird hier thematisiert. Eine Institution in Kladow ist der „Kladower Hof", ein Lokal, das seit über 100 Jahren im Besitz einer deutsch-englischen Familie ist. Hier bekommt man freitags stilecht Fish and Chips serviert und dazu einen guten schottischen Whiskey kredenzt.

Nach Passieren eines Sportboothafens und der Promenade von Kladow erreichen wir schließlich die Anlegestelle der BVG-Fähre über den Großen Wannsee.

Abstecher nach Sacrow

Bevor wir aber sozusagen „in See stechen", empfiehlt sich noch der Abstecher nach **Sacrow** 24 mit **Schloss** und **Heilandskirche**. Der kleine Potsdamer Ortsteil liegt malerisch vom Königswald und Wasser umgeben. In der ersten Hälfte des 20. Jh. wurde Sacrow ein beliebtes Ausflugsziel und ein exklusiver Wohnort vor den Toren Potsdams und Berlins – und ist es bis heute geblieben. Einzigartig ist das Nebeneinander von herrschaftlichen und großbürgerlichen Villen und kleinen Garten- und Wochenendgrundstücken. Knapp die Hälfte aller Häuser in Sacrow sind Wassergrundstücke – ein Paradies! Vom Ufer fällt der Blick auf die Pfaueninsel. Mit dem Bau der Mauer 1961 war das Idyll plötzlich nicht mehr erreichbar, denn Sacrow

Herbst in Kladow

Die italienisch anmutende Heilandskirche

Heilandskirche und Schloss Sacrow

Italienisches Ambiente am Jungfernsee

Unbewohntes Schloss
Kurze Zeit nach seiner Thronbesteigung 1840 erwarb König Friedrich Wilhelm IV. das Gut Sacrow. Das Gutshaus ließ er umbauen. Ludwig Persius, Architekt des Königs, fügte am Nordgiebel einen zweistöckigen Anbau mit einem repräsentativen Eingang im italienischen

Stil an. Von da an wurde es von den Bewohnern des nahe gelegenen Dorfes Sacrow Schloss genannt. Friedrich Wilhelm IV. bewohnte es nie. 1938 wurde das Schloss zum Wohn- und Dienstsitz des Generalforstmeisters Friedrich Alpers und nach 1945 „Volkseigentum" der DDR.

Lohnenswerter Schlenker **24**

Wegstrecke nach Sacrow: 5,5 km

Heilandskirche
Eine einzigartige Lage für eine Kirche – und ein für die Region ungewöhnlicher Stil machen die Heilandskirche zu einem der beliebtesten Fotomotive rund um Potsdam. Die Kirche und das Schloss sind Teil der Potsdamer Havellandschaft, die von der Pfaueninsel bis nach Werder reicht und mit ihren Schlössern und Gärten als Ensemble zum Weltkulturerbe der UNESCO geadelt wurden.

Die Kirche liegt 100 m unterhalb des Sacrower Schlosses in dessen Schlosspark, den der Gartenkünstler Peter Joseph Lenné angelegt hatte. Sie entstand 1844 mit freistehendem Campanile nach Entwürfen von Friedrich Wilhelm IV., die der „Romantiker auf dem Thron" höchstpersönlich gezeichnet hatte. Italienisch sollte sie wirken.

Das Kirchenschiff – der königliche Bauherr bevorzugte eine einfache, flache Deckenkonstruktion – ist von einem überdachten Arkadengang umgeben und ragt in die Havel hinein. Auf dem Vorplatz steht der über 20 m hohe Campanile. Er trägt eine fast 600 Jahre alte Bronzeglocke.

Durch den Bau der Berliner Mauer 1961 kam es in den darauffolgenden Jahrzehnten zur fast vollständigen Zerstörung der Heilandskirche. Die deutsch-deutsche Grenze lief durch das Kirchengelände, der Glockenturm wurde Teil der Grenzanlagen, das Kirchengebäude stand im „Niemandsland". Weihnachten 1961 fand die letzte Messe statt, erst am Heiligen Abend 1989 konnten sich die Gemeindemitglieder wieder in der Kirche treffen.

lag in einem sogenannten Sperrbezirk und konnte nur mit einem Passierschein erreicht werden. Seit 1989 ist es nun wieder ein beliebtes Ausflugsziel, was neben der herrlichen Lage an der außergewöhnlichen Heilandskirche und dem Schloss lag.

Kreuzfahrt über den Wannsee
Die BVG-Fähre von Kladow nach Wannsee verkehrt ganzjährig und benötigt rund 20 Min. Beim Ablegen fällt links der Blick auf die kleine, fast zugewachsene Insel Imchen. Die unweit des Ufers gelegene Insel ist für ihren Vogelreichtum berühmt – hier brüten Graureiher und Kormorane in Kolonien, auch der seltene Schwarzmilan zieht hier seine Jungen auf. Von der Fähre kann man auf die Brutkolonien der Graureiher und Kormorane schauen. Im Winter finden sich am Ufer viele Wasservögel ein.

Nach dem Verlassen der BVG-Fähre in **Wannsee**, ein Ortsteil im Bezirk Steglitz-Zehlendorf, halten wir uns rechts und queren die Wannseebrücke über den Griebnitzkanal, der den Kleinen Wannsee und Großen Wannsee verbindet. Wir befinden uns auf der Insel Wannsee. Am Westufer der Insel liegt das **Haus der Wannseekonferenz** (Am Großen Wannsee 56–58), in dem 1942 die Deportation und Ermordung der europäischen Juden organisiert und geplant wurde. Heute befindet sich hier eine Gedenk- und Bildungsstätte. In der gleichen Straße liegt etwas südlich das **Museum Liebermann-Villa**,

das sich mit dem Leben und Wirken des Malers Max Liebermann beschäftigt.

Durch Wannsee folgen wir der Bundesstraße, biegen aber am Ortsende in den Berliner Forst ein und folgen der für den Autoverkehr gesperrten Pfaueninselchaussee zunächst bergauf, dann bergab durch den Wald hinunter zum Havelufer. Beim **Wirtshaus zur Pfaueninsel** befindet sich auch die Anlegestelle der Fähre zur **Pfaueninsel** 25, die Teil des UNESCO-Welterbes „Schlösser und Parks von Potsdam und Berlin“ ist.

Die Fähre zur Pfaueninsel ist die älteste Fährverbindung Berlins, sie besteht seit 1821. Die Fähre verkehrt vom 1. April bis 31. Oktober täglich von 10 bis 16 Uhr, in den Sommermonaten von 10 bis 18 Uhr, sie fährt nach Bedarf, in der Regel alle 15 Minuten.

Russland am Wannsee

Nach dem Besuch der Insel folgen wir dem Uferweg bis zum Abzweig zur **Kirche St. Peter und Paul** und zum **Blockhaus Nikolskoe** 26. Gebaut wurde es für den russischen Schwiegersohn Nikolaij des Preußenkönigs Wilhelm III.

Vorbei an einer Badestelle erreichen wir das einladende Traditionswirtshaus Moorlake mit großem Biergarten. Das Forsthaus in einer weit in die Insel hineinreichenden Bucht war ein Geschenk von König Friedrich Wilhelm IV. an seine Frau Elisabeth, die aus Bayern stammte. Ihr zu Ehren wurde es 1841 in typisch alpenländischem Stil erbaut. Im oberen Geschoss war der Salon mit Aussicht auf die Havel ausschließlich der Königlichen Familie vorbehalten. Der Radweg folgt weiter unmittelbar der Wasserlinie zum Aussichtspunkt und Fähranleger Krughorn: Am Vormittag hat man hier einen besonders schönen Blick auf die von der Sonne angestrahlte Sacrower Heilandskirche. Fähren queren von hier aus regelmäßig über die Havel nach Sacrow.

Kurz darauf erreichen wir das Eingangstor zum **Glienicker Schlosspark**. Bevor wir allerdings über eine der berühmtesten Brücken Berlins, die Glienicker Brücke, fahren, bietet sich ein Abstecher nach Babelsberg an.
Er führt uns auf dem Berliner Mauerweg zum **Schloss Glienicke** 27 und Jagdschloss Glienicke, zum Babelsberger Dampfmaschinenhaus und **Schloss Babelsberg** 28.

Anschließend geht es weiter zum **Filmpark Babelsberg** 29. Das **Studio Babelsberg** ist das größte Filmstudio Europas und zugleich das älteste Großatelier-Filmstudio der Welt.

Pfaueninsel

Weißes Schloss und bunte Pfauen

Die Insel in der Havel – ein 67 ha großer Landschaftspark und Teil des UNESCO-Weltkulturerbes – verdankt ihren Namen den freilaufenden Pfauen, die, wenn sie gut drauf sind, für Besucher schon mal ein Rad schlagen.

Ende des 18. Jh. ließen sich König Friedrich Wilhelm II. und seine Mätresse Wilhelmine Encke, inspiriert von englischen und französischen Vorbildern, das weiße Lustschlösschen und die Meierei im pittoresken Ruinenstil errichten. Das weithin sichtbare weiße „Märchenschloss" mit seinen zwei runden, durch eine filigrane schmiedeeiserne Brücke verbundenen Türmen wurde zur beliebten Sommerresidenz. Die halben Zinnen deuten eine Ruine an, diese waren in der Zeit der Romantik Ende des 18. Jh. gerade en vogue. Weniger königlich ist die äußere Fassade, die nicht aus weißem Marmor, sondern aus bemaltem Holz errichtet wurde. Die Innenausstattung dagegen ist kostbar und offenbart den ehemals herrschaftlichen Geschmack ihrer Besitzer.

Die Meierei auf der Pfaueninsel

Wahrzeichen der Pfaueninsel – das weiß leuchtende Schloss

Die Gartenlandschaft gestaltete 1821 Berlins großer Gartenkünstler Peter Joseph Lenné. Heute spaziert man unter rund 400 alten Eichen und stößt unterwegs auf den ältesten Rosengarten Berlins. Im Gelände finden sich viele weitere Gebäude, darunter der Luisentempel, das Schweizerhaus, die Voliere, die Alte Meierei im Stil einer Klosterruine und das Kavaliershaus.

Bis 2024 sind das Schloss und die Meierei wegen Sanierungsarbeiten geschlossen.
www.spsg.de/schloesser-gaerten/objekt/pfaueninsel/

„Pfaueninsel! Wie ein Märchen steigt ein Bild aus meinen Kindertagen vor mir auf: Ein Schloss, Palmen und Känguruhs; Papageien kreischen; Pfauen sitzen auf hoher Stange oder schlagen ein Rad, Volieren, Springbrunnen, überschattete Wiesen, Schlängelpfade, die überall hinführten und nirgends; ein rätselvolles Eiland, eine Oase, ein Blumenteppich inmitten der Mark“

Theodor Fontane

Lohnenswerter Schlenker

Blockhaus Nikolskoe und St. Peter und Paul 26

Inspiriert von einer Reise 1818 nach St. Petersburg zu seiner Tochter, Prinzessin Charlotte, und deren Gemahl, dem Großfürsten und späteren Zaren Nikolaus, ließ König Friedrich Wilhelm III. unweit des Wannseeufers ein „russisches“ Blockhaus bauen. Damit überraschte der König seine Tochter und seinen Schwiegersohn 1820 bei ihrem Berlinbesuch. Das Blockhaus ist heute ein gern besuchtes romantisches Gasthaus.

Russische Kirche
Die Kirche ließ König Friedrich Wilhelm III. auf Anregung seiner Tochter Charlotte errichten. Es sollte eine „gewissermaßen“ russische Kirche werden. Die eher strenge Schlichtheit des Kircheninneren steht in auffallendem Kontrast zu dem auf seine Fernwirkung bedachten Äußeren. St. Peter und Paul ist das einzig original erhaltene Beispiel einer sog. Berliner Vorstadtkirche, ein Bautyp, der von Karl-Friedrich Schinkel entwickelt worden war. Am 13. August 1837 wurde die Kirche eingeweiht.
www.blockhaus-nikolskoe.de

Seit 1912 wurden hier unweit des Villenviertels Neubabelsberg sowie an vielen Orten in und um Potsdam und Berlin bedeutende Kinofilme produziert, darunter Klassiker wie der Stummfilm *Metropolis* von Fritz Lang (1927) und die Tragikomödie *Der blaue Engel*, einer der frühesten Tonfilme, die für die UFA 1929–30 gedreht wurde. Sollten keine öffent-

Schloss Glienicke 27

Italien an der Havel

Inspiriert durch seine Italienreise 1823 erfüllte sich Prinz Carl von Preußen wenige Jahre später seinen Traum von einer eigenen italienischen Villa.

Dafür kaufte er sich das ehemalige Gutshaus Glienicke und ließ es unter der Regie von Karl Friedrich Schinkel zu einer klassizistischen Villa im mediterranen Stil umbauen. Der Hausherr schmückt Schloss und Gartenräume mit Exponaten aus seiner umfangreichen Antiken-Sammlung.

Für den Park zeichnet vor allem Gartenarchitekt Peter Joseph Lenné verantwortlich, der es schaffte, Park und Schloss harmonisch zu einer Einheit zu verbinden. Nach englischem Vorbild schuf er einen Landschaftspark mit Blumengarten, Pleasureground und Park.

Das **Hofgärtnermuseum** im Westflügel des Schlosses präsentiert Wissen und Wirken der preußischen Hofgärtner.

Schloss und Park gehören zum UNESCO-Weltkulturerbe.
www.spsg.de

lichen Führungen angeboten werden, kann man im benachbarten Filmpark Babelsberg einen Blick hinter die Kulissen des Filmemachens werfen.

Berlins berühmteste Brücke
An der **Glienicker Brücke**, an der Sowjets und Amerikaner ihre Spione austauschten, halten wir uns rechts und überqueren die Havel, die Landesgrenze zwischen Brandenburg und Berlin und die Stadtgrenze nach Potsdam. Sie wurde exakt in Ost-West-Richtung gebaut, sodass die Längsachse auf die Sonnenaufgangs- bzw. -untergangspunkte der Tag-und-Nachtgleichen zeigt.

Wir befinden uns nun in der Berliner Vorstadt, einem Stadtteil von Potsdam. Dieser wird auf drei Seiten von Wasser eingerahmt: Heiliger See, Jungfernsee und Tiefer See.

Schloss und Park Babelsberg 28

Sommerresidenz an der Havel

Majestätisch thront inmitten einer Hügellandschaft am Havelufer das weiße Schloss Babelsberg. Karl Friedrich Schinkel begann ab 1833 mit dem Bau einer Sommerresidenz für den späteren Kaiser Wilhelm I., damals noch Prinz Wilhelm von Preußen, und seine Frau Prinzessin Augusta von Sachsen-Weimar. Über 50 Jahre diente Babelsberg dem Paar als Sommerresidenz. Wilhelm und Augusta nahmen regen Anteil an der Gestaltung und Einrichtung ihrer Sommerresidenz. In den 1860er- bis 1880er-Jahren war Babelsberg ein bedeutender Ort des gesellschaftlichen und politischen Lebens in Preußen, das mit der Kaiserproklamation 1871 seinen Höhepunkt fand.

Der umliegende **Park Babelsberg** trägt die Handschrift der Gartengestalter Peter Joseph Lenné und Fürst Pückler-Muskau.

Flatowturm
Hoch oben auf einem Parkhügel steht der 46 m hohe Flatowturm in neugotischem Stil. Von seiner Aussichtsplattform genießt man einen fantastischen Rundumblick über das Weltkulturerbe Potsdam. Der Kaiser setzte damit die Potsdamer Bautradition fort, an herausgehobenen Plätzen Aussichtsgebäude zu errichten. Das Kaiserpaar nutzte das Gebäude sowohl als Gästehaus als auch als Aufbewahrungsort für Objekte der eigenen Sammelleidenschaft.

Dampfmaschinenhaus
Das ehemalige Dampfmaschinenhaus vom Park Babelsberg steht am Ufer der Glienicker Lake, einer natürlichen Bucht der Havel nördlich des Babelsberger Parks. Gebaut wurde es von 1843 bis 1845 für die Bewässerungsanlagen des angrenzenden Parks. Der zweigeschossige, neugotische Backsteinbau wur-

Dampfmaschinenhaus im Schlosspark von Babelsberg

de im Stil einer Burg mit einem zinnbekrönten Turm (Schornstein) und Esse errichtet. Innen befindet sich neben dem Maschinenraum auch ein Kavalierzimmer.
www.spsg.de/schloesser-gaerten/objekt/schloss-babelsberg/

Filmpark Babelsberg 29

Blick hinter die Kulissen

Das Studio Babelsberg deckt alle Phasen und Bereiche der Filmproduktion an einem Standort ab. Produzenten und Regisseure finden hier 20 hochmoderne Ateliers und Studios und diverse Außenkulissen auf über 169.000 m². Über die Jahre hat Studio Babelsberg Motion Pictures eine international erfahrene Crew an Kulissenbauern und Produktionsdesignern aufgebaut, die zu den besten der Welt zählen und mit internationalen Schauspielstars, den bekanntesten Filmemachern und Regisseuren zusammenarbeiten.

Zu den jüngeren Produktionen gehören u. a. die oscarprämierten Filme *Die Fälscher*, *Der Vorleser*, *Inglourious Basterds* und *Grand Budapest Hotel.*

Im **Themenpark Filmpark Babelsberg** werden Filmhandwerk, Filmgeschichte und -gegenwart für die Besucher lebendig. Alles, was zur Produktion gehört, wird hier in Szene gesetzt: Kulissen, Requisiten, Kostüme und technisches Equipment. Auch die unsichtbaren Arbeiten hinter den Kulissen werden sichtbar, so kann man Kunstmalern, Kostüm- und Maskenbildnern bei der Arbeit zusehen und Originalkulissen bewundern. In Shows zeigen Stuntmen, Pyrotechniker und Filmtiertrainer ihr Können.

Großbeerenstraße 200
14482 Potsdam-Babelsberg
Ticketbuchung:
Tel. +49 331 721 23 45
www.filmpark-babelsberg.de

Willkommen in Potsdam
Die Potsdamer Seite der Brücke wird von imposanten Kolonnaden eingefasst, dahinter steht auf der rechten Seite die **Villa Schöningen** mit einem Museum zur Bedeutung der Zeit zwischen 1961 bis 1989. Zusätzlich werden temporäre Ausstellungen zeitgenössischer Kunst gezeigt, die die Themen der innerdeutschen Teilung und des Kalten Krieges aufgreifen. Im historischen Garten werden im Sommer Skulpturenausstellungen gezeigt.

Wissenswertes im Gepäck

Agentenaustausch an der Glienicker Brücke

Legendärer Schauplatz des Kalten Krieges

Die Glienicker Brücke war wie gemacht für einen Agentenaustausch, denn sie lag relativ abgeschieden vom Berliner Tagesgeschehen und war für den normalen Grenzverkehr gesperrt.

Am 10. Februar 1962 um 8.44 Uhr überquerten zwei Männer wenige Minuten nacheinander die Brücke, der eine in Richtung Westen, der andere nach Osten. Gary Francis Powers, Spion des CIA, und Rudolf Iwanowitsch Abel, Spion des sowjetischen Geheimdienstes KGB. Beide Männer mussten eine Markierungslinie überschreiten, die die zwei Machtblöcke Ost und West voneinander trennte. Mit den Verhandlungen war damals der Ostberliner Anwalt Wolfgang Vogel betraut gewesen.

1985 der zweite Tausch. 27 Agenten wechselten am Mittag des 11. Juni 1985 die Seiten. Und

wieder spielte Wolfgang Vogel eine entscheidende Rolle bei den vorausgegangenen Verhandlungen. 23 in Polen und in der DDR inhaftierte Spione der CIA warteten auf der Ostseite der Brücke darauf, in einem Bus Richtung Westen gebracht zu werden. Vier Agenten der östlichen Geheimdienste wurden im Gegenzug freigelassen.

Das letzte Zusammentreffen zwischen West und Ost fand 1986 statt. Diesmal war es Anatoli Schtscharanski, ein russischer Bürgerrechtler und Kritiker des Sowjetregimes, der getauscht wurde. Schtscharanski war 1978 zu 13 Jahren Arbeitslager verurteilt worden.

Hunderte Journalisten fanden sich an der Brücke ein und machten den Tausch zu einem Medienspektakel. Zusammen mit dem Bürgerrechtler wurden drei westliche Agenten freigelassen. Im Gegenzug durften ein russischer Computerspezialist und vier Ost-Agenten nach Hause fahren. Vogel war es, der sie über die Brücke begleitete.

Wanderer zwischen beiden Welten

Vogel besaß sowohl in Ost- als auch in West-Berlin eine Anwaltslizenz. Der DDR-Anwalt genoss in beiden deutschen Staaten Vertrauen und vermittelte beim Austausch von Agenten und hatte in seinem Berufsleben über 200.000 Menschen die Ausreise aus der DDR ermöglicht und 33.755 Menschen die Freilassung aus DDR-Gefängnissen ermöglicht. Dafür hatte er zuletzt von der Bonner Regierung eine Jahrespauschale von 320.000 D-Mark erhalten.

Schloss Cecilienhof

Fahrt durch den Neuen Garten
Die brandenburgische Landeshauptstadt bietet unendlich viele Sehenswürdigkeiten, die hier nicht alle vorgestellt werden können.

Rundfahrt durch den Neuen Garten
Eine reizvolle Rundfahrt beginnt bei der Villa Schöningen und führt entlang des Jungfernsees durch den **Neuen Garten**. 102,5 ha groß ist der Neue Garten im Norden Potsdams am Jungfernsee. Später von Lenné überformt, finden sich noch kleine Originalbereiche aus der Entstehungsphase vor 1800. 1787 beginnt der Wörlitzer Gärtner Johann August Eyserbeck im Auftrag von Kronprinz Friedrich Wilhelm II. mit dem Entwurf des Neuen Gartens im Stil englischer Gärten. Zwischen 1787 und 1792 entstanden bedeutende Gebäude, von denen heute noch viele bestehen: Marmorpalais, Küche in Form einer römischen Tempelruine, Gotische Bibliothek, Schindelhaus, Orangerie, Grotte, Meierei, Pyramide (Eiskeller) und das holländische Etablissement. Schon wenige Jahre später empfand der Thronfolger den Garten als unmodern und beauftragte 1816 Peter Joseph Lenné mit der Überarbeitung. Lenné schuf große Lichtungen und Wiesen und Blickverbindungen zu den Nachbargärten Sacrow, Pfaueninsel, Glienicke, Babelsberg, Potsdam und Pfingstberg.

Zur Einkehr lädt schon bald das Restaurant in der einstigen **Kaiserlichen Matrosenstation Kongsnaes**. Ur-

Schloss Cecilienhof

Potsdamer Konferenz im Hohenzollernschloss

Cecilienhof ist der letzte Schlossbau der Hohenzollern. Kaiser Wilhelm II. ließ es 1916 für seinen ältesten Sohn Kronprinz Wilhelm und seine Gattin Cecilie von Mecklenburg-Schwerin im Stil eines englischen Landhauses errichten. Das Kronprinzenpaar wohnte dort bis 1945. Der Bau kostete 8 Millionen Goldmark und diente dem Kronprinzen als Residenz.

180 Räume gruppieren sich um fünf Innenhöfe. Die Ausstattung war luxuriös und für einen ganzjährigen Aufenthalt bestimmt. Das Zentrum des Hauses bildet die große Wohnhalle. Von ihr gehen die Repräsentationsräume des Kronprinzenpaares ab. Eine mächtige holzgeschnitzte Treppe führt ins Obergeschoss. Dort liegen die herrschaftlichen Räume.

Neuordnung Europas
Seine historische Dimension erlangte das Schloss durch die Unterzeichnung des **Potsdamer Abkommens**.

Zur Konferenz vom 17. Juli bis 2. August 1945 trafen sich die Siegermächte des Zweiten Weltkriegs, vertreten durch Winston S. Churchill (GB), Harry S. Truman (USA) und Josef Stalin (UdSSR). Die drei Staatsmänner berieten über das Schicksal Deutschlands und beschlossen die Demokratisierung, die Entmilitarisierung, Entnazifizierung und Dezentralisierung von Deutschland. Die Konferenz steht symbolisch für den Endpunkt des Zweiten Weltkrieges und den Ausbruch des Kalten Krieges, der zur Spaltung Europas durch den „Eisernen Vorhang" und zum Bau der „Mauer" führte.

Ein runder Tisch, 3 m im Durchmesser, mit einer purpurnen Tischdecke belegt, steht am 17. Juli 1945 im Konferenzsaal des Schlosses.
www.spsg.de

Lohnenswerte Schlenker

Marmorpalais 31

Liebesnest am Wannsee

Das Marmorpalais liegt romantisch auf einer Terrassenanlage im Neuen Garten direkt am Seeufer vom Heiligen See. Ein Palais aus rotem Backstein, mit Schmuckelementen aus grauem und weißem schlesischem Marmor gefertigt, machte Friedrich Wilhelm II. zu seiner Sommerresidenz.

Eng verbunden mit dem Marmorpalais ist die Liaison Friedrich Wilhelms II. mit Wilhelmine Enke, im Volksmund „Die schöne Wilhelmine“ genannt. Die Mätresse des Königs, die 1796 zur Gräfin Lichtenau erhoben wurde, nahm erheblichen Einfluss auf die Innengestaltung des Schlosses: Zahlreiche Marmorkamine und antike Skulpturen wurden in Italien erworben. Das ganz aus verschiedenfarbigem Marmor gestaltete Vestibül, der unmittelbar am Wasser gelegene Grottensaal sowie der imposante Konzertsaal zählen zu den prächtigsten Räumen.
www.spsg.de/schloesser-gaerten/objekt/marmorpalais/

Romantisches Marmorpalais am Ufer des Heiligen Sees

Holländisches Etablissement im Neuen Garten

sprünglich war sie eine Anlegestelle für Schiffe, des preußischen Königshauses, die hier zu Vergnügungsfahrten auf der Havel ablegten. Das Gebäudeensemble im norwegischen Drachenstil umfasst einen Empfangspavillon (Ventehalle), Bootsschuppen und drei Wohnhäuser für das Bedienungspersonal. In Auftrag gegeben hatte es Wilhelm II., gebaut wurde es zwischen 1891 und 1895 nach Plänen des Architekten Holm Hansen Munthe. In der Ventehalle befindet sich heute ein Restaurant.

Weiter geht es am Ufer entlang zur Schwanenbrücke über den **Hasengraben.** Der kleine, 1737 angelegte Kanal verbindet den Jungfernsee mit dem Heiligensee. Durch die lichten Parkanlagen ist schon bald **Schloss Cecilienhof** 30 erreicht, die einstige Königliche Residenz wurde vor allem als Konferenzort nach dem Zweiten Weltkrieg bekannt.

Nächste Station ist das **Marmorpalais** 31 am Ufer des Heiligen Sees. Auf dem weiteren Weg ins Zentrum liegen die Orangerie und das Holländische Etablissement. Zwei schwarze ägyptische Götterstatuen und eine Sphinx schmücken das Portal der 86 m langen **Orangerie**, die 1793 für König Friedrich Wilhelm II. gebaut wurde. Wie damals werden auch heute noch exotische Pflanzen im verglasten Gebäude überwintert.

Einen Vorgeschmack auf das Holländische Viertel bietet das **Holländische Etablissement**, ein Gebäudeensemble als Wohnstätte für die königlichen Bediensteten. Vier Kavaliershäuser, ein Pferdestall, ein Remise für Kutschen und ein Damenhaus – allesamt aus rotem Ziegel mit holländischen Giebeln – bilden das hübsche Ensemble.

Weiter geht es zur Südspitze des Heiligen Sees mit der fotogenen **Gotischen Bibliothek.** Der Turmpavillon wurde bis in die 1930er-Jahre als Bibliothek genutzt. Nach einem Bombenangriff sackte das Gebäude zum See hin ab und wurde als „schie-

Wissenswertes im Gepäck

Holländisches Viertel

Ein bisschen Heimat

Das Holländische Viertel ist eines der schönsten Wohnquartiere der brandenburgischen Hauptstadt und inzwischen eine touristische Sehenswürdigkeit, die in Europa einzigartig ist. Das Viertel entstand zwischen 1734 und 1742 im Zuge der zweiten Stadterweiterung für die holländischen Handwerker des Königs. Durch die Mittel- und die Benkertstraße war das Viertel in vier Quadrate geteilt, entlang der Straßen mit den 134 Backsteinhäusern gebaut. Die Handwerker hatte der „Soldatenkönig" Friedrich Wilhelm I. nach Potsdam geholt und ihnen Häuser im Stil ihrer Heimat bauen lassen: unverputzt, mit weißen Fugen, Fensterläden und zum Teil sogar geschwungenen Giebeln.

Das Wohnviertel entstand unter Baumeister Johann Boumann, von dessen Arbeit ein Museum in der Mittelstraße 8 erzählt. Vor der Errichtung der Häuser wurde der sumpfige Grund des Holländischen Viertels trockengelegt.

Blick über die Havel auf das Landtagsgebäude, dahinter die Kuppel der Nikolaikirche

fer Turm von Potsdam" bezeichnet. 1993 wurden die Fundamente erneuert und das Gebäude saniert. Über die Kurfürstenstraße erreichen wir das **Holländische Viertel**. Nach dem Besuch der stimmungsvollen Straßen geht es vorbei am Platz der Einheit zum Alten Markt.

Der **offizielle Radweg** verläuft ab der Glienicker Brücke entlang der Berliner Straße Richtung Potsdamer Zentrum. Wir folgen ihr bis zum Rechtsknick vor der Straßenbahninsel und halten uns dann links auf der Burgstraße zum Ufer der Alten Fahrt. Die Uferpromenade bringt uns zur Langen Brücke, über die Havel würde man zum Potsdamer Hauptbahnhof kommen.

Wir halten uns aber an der Brücke rechts und erreichen auf der Humboldtstraße den **Alten Markt** mit der Tourist Information, dem **Museum Berberini** (Impressionisten), dem **Potsdamer Museum** und der **Nikolaikirche**. Die **Altstadt von Potsdam** besichtigt man am besten zu Fuß.

Skyline Potsdam: die Anlegestellen vor dem Lustgarten, das Hotel Mercure,

das Potsdamer Stadtschloss (Landtag Brandenburg) und die Kuppel von St. Nikola

Essen, Trinken & Durchatmen

Ein kulinarischer Abzweig

Das historische **Gutshaus Neukladow** – Café, Bistro und Restaurant in einem – liegt direkt an der Havel und bietet von der Terrasse einen herrlichen Blick auf den Wannsee. Täglich gibt es eine frischzubereitete Auswahl an Kuchen, Torten und Eis, kleinen Snacks und regionalen Speisen. Im Restaurant genießt man die historische Gutshausatmosphäre und das lodernde Kaminfeuer.

Gutshaus Neukladow
Neukladower Allee 9-12
14089 Berlin
Tel. +49 331 64 73 15 15
www.gutshausneukladow.de

Das **Wirtshaus zur Pfaueninsel** auf der Havelinsel ist eine beliebte Ausflugsgaststätte der Potsdamer und Berliner. Neben schön eingerichteten Räumen im Inneren ist vor allem der urige Biergarten im Innenhof das Ziel von Spaziergängern und Radfahrern. Serviert wird hochwertige Hausmannskost wie etwa eine knusprige Landente; Kuchen und Torten sind selbstgebacken.

Wirtshaus zur Pfaueninsel
Pfaueninselchaussee 100
14109 Berlin-Wannsee
Tel. +49 30 805 22 25
www.pfaueninsel.de

Stimmungsvoll – der Havelblick bei Phöben

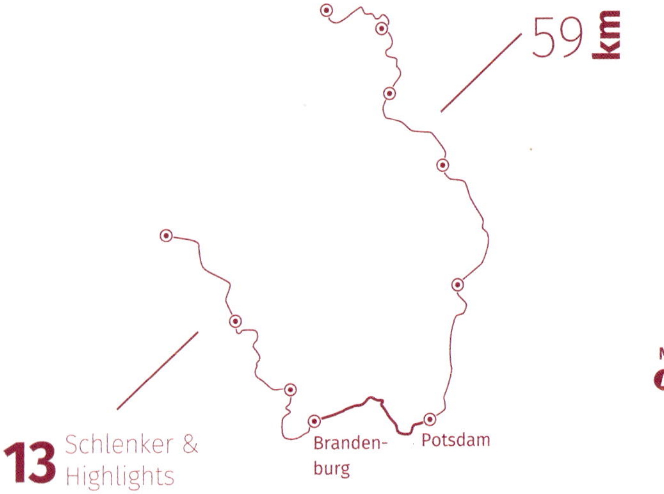

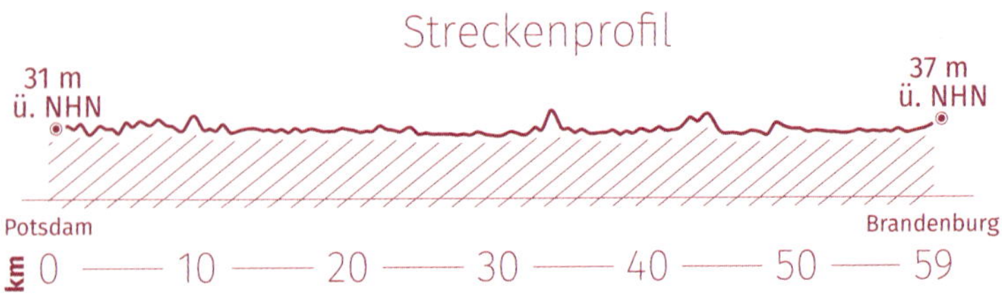

Potsdamer Havelbogen

Sacrow-Paretzer-Kanal

Knapp 29 km lang ist der Potsdamer Havelbogen, unter dem man den Abschnitt zwischen dem Südende des Jungfernsees im Nordosten von Potsdam und dem Göttinsee bei Paretz versteht. Auf der Karte ist gut zu erkennen, dass die Havel in diesem Abschnitt eigentlich weniger ein Fluss als vielmehr eine Aneinanderreihung großer, oft flacher Seen ist – mit der Havel als verbindendem Glied auf schmalen und kurzen Abschnitten.

Bis 1876 war dieser Flussabschnitt die wichtigste Verbindung zwischen Spree und Elbe. In diesem Jahr wurde der 12,5 km lange Sacrow-Paretzer-Kanal eröffnet – er kürzte den hufeisenförmigen Verlauf für die Schifffahrt deutlich ab. Nur 7,5 km des Kanals sind künstlich. Die Havel verlor allerdings durch die Kanaleröffnung erheblich an Bedeutung für die Frachtschifffahrt.

Die Flusslandschaft ist außerordentlich abwechslungsreich. Während im Potsdamer Stadtgebiet oftmals bewaldete Moränenhügel die Seen einrahmen, liegen die Seen weiter flussabwärts in einer flachen Niederung, in der es nur inselhaft aussichtsreiche Moränenhügel gibt.

Wir starten am **Filmmuseum Potsdam** 32 und folgen der am Alten Markt beginnenden Breiten Straße Richtung Westen, vorbei am **Naturkundemuseum** führt uns die Allee zur „schönsten Kraftanlage Preußens", dem **Dampfmaschinenhaus** 33 an der Neustädter Havelbucht. Die Berliner, in diesem Fall die Potsdamer, hatten auch für dieses Bauwerk schnell einen Spitznamen: die Moschee.

Anschließend folgt die Besichtigung der wohl größten Sehenswürdigkeit Potsdams: **Schloss und Park Sanssouci** 34.

Highlights am Wegesrand

32 Filmmuseum

Traumwelt hautnah

Seit 1981 gibt es das „Filmmuseum der DDR“ im Marstall des Potsdamer Stadtschlosses, damit gilt das inzwischen Filmmuseum Potsdam genannte Museum als das älteste Filmmuseum mit eigener Sammlung und Ausstellungen in Deutschland. Der Themenschwerpunkt des Museums ist das älteste Filmstudio der Welt in Babelsberg mit seinen Filmproduktionen und Künstlern. „Traumfabrik – 100 Jahre Film in Babelsberg“ heißt die Dauerausstellung. Internationale Film- und Medienthemen werden im Wechsel Ausstellungen behandelt. Das Filmmuseum betreibt ein eigenes Kino mit täglich mehreren Vorstellungen, besonders sehens- und hörenswert sind die Stummfilmvorführungen, die musikalisch an der historischen Welte-Kinoorgel begleitet werden.

33 Dampfmaschinenhaus

in orientalischem Gewand

Im 17. und 18. Jh. wurde vieles in der Residenzstadt lediglich zu dekorativen Zwecken gebaut. Dazu zählte auch das Dampfmaschinenhaus an der Havel. Beim ersten Blick mag man kaum glauben, dass sich dahinter ein schnöder Zweckbau, eine Kraftwerksanlage, verbirgt.

Filmmuseum Potsdam

Die „Moschee“ in Potsdam

Die Idee zu dieser wunderschönen „Verkleidung“ hatte Friedrich Wilhelm IV., der „Romantiker auf dem Thron“. Er ließ die „schönste Kraftanlage Preußens“ 1841–43 im maurischen Stil mit „Minarett“ errichten. Das malerische Pumpenhaus – damals das höchste Gebäude in der Umgebung – war von der Schlossterrasse hervorragend zu sehen und setzte einen exotischen Akzent in der Potsdamer Kulturlandschaft.

Es sollte aber nicht nur schön sein, sondern sollte auch – das war dem technikbegeisterten König wichtig – die technische Überlegenheit Deutschlands gegenüber England demonstrieren. August Borsig entwarf und baute dafür die damals stärkste Zweizylinder-Dampfmaschine (81,4 PS), die das Havelwasser durch eine 1,8 km lange Leitung ins Bassin auf dem Ruinenberg pumpte und von dort die Wasserspiele und die Große Fontäne vor dem Schloss mit Wasser versorgte. Vor allem die 38 m hohe Fontäne war damals eine Sensation! Heute werden die Wasserfontänen mit Elektropumpen angetrieben.

Nach 50 Jahren wurde 1895 die erste Dampfmaschine durch eine leistungsstärkere (160 PS) ersetzt. Diese wird heute im Rahmen von Führungen gezeigt und durch Elektromotoren in Gang gesetzt.

Die Homepage informiert über die Besichtigungsmöglichkeiten.

Breite Straße 28
www.spsg.de/schloesser-gaerten/objekt/dampfmaschinenhaus-moschee

Lohnenswerter Schlenker **34**

Schloss Sanssouci

Das Schloss „ohne Sorgen"

Das Schloss war für Friedrich II. in schwierigen Zeiten ein wichtiger Rückzugsort – ein Schloss „ohne Sorgen" sollte es sein. Auch im Tode wollte er seinem Sanssouci nahe sein und dort beigesetzt werden. Sein Wunsch wurde ihm jedoch erst 1991 erfüllt. Nun liegt der „Philosoph von Sanssouci" auf der Terrasse am Weinberg. „*Quand je serai là, je serai sans souci – wenn ich dort bin, werde ich ohne Sorge sein*", steht auf seiner Grabplatte. Die original erhaltenen Raumausstattungen aus dem 18. Jh. lassen die Welt von Friedrich dem Großen erahnen: Die Räume sind geprägt von Eleganz und stilvoller Prachtentfaltung. Die letzte königliche Bewohnerin von Schloss Sanssouci war die Witwe von Friedrich Wilhelm IV. Danach wurde Schloss Sanssouci Museum und ist seit 1927 öffentlich zugänglich.

Orangerieschloss

Eindrucksvoll ist vor allem der Park mit der einzigartigen Terrassenanlage am berühmten Weinberg und der prächtigen Fontäne mitten im Park. Komplettiert wird er mit dem Sizilianischen und Nordischen Garten am **Schloss „Neue Kammern"**. Ein Schloss für königliche Gäste wollte Friedrich der Große. 1768 fasste er den Entschluss, das unmittelbar neben Schloss Sanssouci und der Bildergalerie gelegene Gebäude der Orangerie in ein Gäste-

schloss umgestalten zu lassen. Es wurde fortan „Neue Kammern“ genannt.

Neben Schloss Sanssouci liegt die **Bildergalerie**, die Friedrich der Große eigens für seine Kunstsammlung errichten ließ. Dort präsentierte er Spitzenwerke der flämischen und holländischen Barockmalerei sowie der italienischen Renaissance und des Barock. Aber auch antike und französische Skulpturen des 18. Jh. finden sich hier. Nördlich von Schloss Sanssouci erhebt sich der **Ruinenberg**. Auf ihm ließ Friedrich der Große ein Wasserbecken zur Speisung der Fontänen im Park anlegen und umgab es mit einem Arrangement aus Säulen, einem Rundtempel und einer Pyramide. Unter König Friedrich Wilhelm IV. entstand 1846 der knapp 23 m hohe **Normannische Turm.** Vom Turm bietet sich eine fantastische Aussicht auf die Schlösser und Havelseen.

Am Fuße des Schlosses und der Weinbergterrassen liegt das französische Figurenrondell mit der großen Fontäne in der Mitte. Weiter südlich im Park finden sich der **Charlottenhof**, der Rosengarten und der Dichterhain. Die Hauptallee führt vom Schloss zum **Neuen Palais**, das König Friedrich Wilhelm IV. errichten ließ. Die große Anlage diente der Repräsentation, ganz im Gegensatz zum intimen Schloss Sanssouci. Im Innern erwarten den Besucher prächtige Festsäle, großartige Galerien und die fürstlich ausgestatteten Appartements.

Das **Orangerieschloss** zwischen dem Neuen Palais und Sanssouci mit den Pflanzenhallen, seinen Plastiken, Brunnen, Arkaden und Terrassen holt das Flair südlicher Architektur nach Potsdam und präsentiert die Italiensehnsucht Friedrich Wilhelms IV. Das Ensemble entstand zwischen 1851 und 1864.

Am Templiner See entlang

Durch die südwestlichen Vororte von Potsdam verlassen wir die kulturell so vieles bietende Stadt und folgen dem Westufer des Luftlinie 5,8 km langen Templiner Sees nach Süden. Dieser wird seit Mitte der 1950er-Jahre durch einen 90 m breiten, 1,17 km langen und 10 m hohen Eisenbahndamm geteilt. Der Damm riegelt das untere, südwestliche Drittel fast vollständig ab, die Verbindung zwischen den beiden Seeabschnitten ist ein nur 150 m breiter Durchlass. Der See liegt in einem eiszeitlichen Becken und ist eigentlich nur eine Aufweitung der Havel. Beim Bahndamm verlassen wir das Potsdamer Stadtgebiet, erreichen aber schon wenig später den südöstlichen Teil von **Geltow**, heute ein Ortsteil von Schwielowsee. Wir folgen nun dem Nordufer des kleinen Petzinsees bis zum Abzweig nach Caputh-Geltow.

Hier empfiehlt sich ein Abstecher nach **Caputh**, ebenfalls ein Ortsteil von Schwielowsee. Zu den Hauptsehenswürdigkeiten zählt neben dem an der Havel liegenden Barockschloss Caputh das **Sommerhaus von Albert Einstein** 35, in dem er die Sommer 1929 bis 1932 verbrachte.

Zwischen Geltow und Caputh verkehrt seit 1853 die Seilfähre *Tussy*, die

Lohnenswerter Schlenker

Runde um den Schwielowsee

Eine Alternative zur Hauptroute ist die Umrundung des Schwielowsees. Dazu folgt man ab Caputh dem Ufer des Sees nach **Ferch.**

Museum Havelländische Malerkolonie 36

Das Museum in einem Kossätenhaus gegenüber der Fischerkirche in Ferch dokumentiert die Künstler, die hier Ende des 19. Jh. aktiv waren.

Beelitzer Straße 1
www.havellaendische-malerkolonie.de

Japanischer Bonsaigarten Ferch 37

Der Bonsaigarten mit bis zu 180 Jahre alten Bäumen zählt zu den schönsten Gärten Brandenburgs. Im Teehaus am See lassen sich japanische Tees verkosten.

Fercher Str. 61
14548 Schwielowsee- Ferch
www.bonsai-haus.de

Petzow 38

Petzow, ein Stadtteil von Werder, bietet nicht nur einen eigenen kleinen Badesee, sondern auch eine alte Dorfkirche (1842) und ein Schloss (1825), beides Entwürfe von Karl Friedrich Schinkel. Das Schloss ist ein Mix aus maurischem Kastell- und englischem Tudorstil, der Park (mit Schinkelkirche auf dem Grelleberg) wurde 1838 von Lenné gestaltet.

Einstein in Caputh

Zufluchtsort in unruhigen Zeiten

Im Jahre 1931 schickte Einstein seinem Sohn Eduard eine Einladung nach Caputh in der Form eines Vierzeilers:

Sei ein gutes faules Tier,
Streck alle Viere
weit von Dir.
Komm nach Caputh,
pfeif auf die Welt,
Und auf Papa,
wenn Dirs gefällt.

1929 ließ sich Albert Einstein rund 6 km südlich von Potsdam in Caputh ein kleines Holzhaus bauen. Dieses bewohnte der Physiker mit seiner Frau, deren zwei Töchtern und einer Hausangestellten zwischen 1929 und 1932. Das Haus liegt an einem Hang direkt am Waldrand mit Blick auf den circa 300 m entfernten Templiner See. Nachdem Einstein und seine Frau 1933 nicht mehr nach Deutschland zurückgekehrt waren, enteigneten die Nationalsozialisten das Grundstück mit Haus und es wurde an die Gemeinde Caputh verkauft. Zu Einsteins 100. Geburtstag wurde es 1979 restauriert und danach als Gästehaus und Gedenkstätte genutzt. Seit 2005 wird es als Veranstaltungsort und als Treffpunkt für bedeutende Denker genutzt.

www.einsteinsommerhaus.de

chloss Petzow

nun schon 170 Jahre lang Fußgänger, Radfahrer und Autos über die Gemünde, einem Abschnitt der Havel, nach Caputh transportiert. Seit 1998 ist die Fähre *Tussy II* im Einsatz.

Bei einem Abstecher um den Schwielowsee bieten sich gleich mehrere Sehenswürdigkeiten an 36 – 38.

Die Hauptroute verbleibt am linken Havelufer. Schon von weitem fallen auf dem Weg zur Brücke die bunten Dachziegel der Geltower Backsteinkirche (Evangelische Gemeinde) auf, sie findet man im Nordwesten des Ortes. Nur ein paar Meter weiter rattern unablässig die Webstühle in der wohl größten und ältesten noch produzierenden Handweberei Deutschlands. Hier lohnt die **Handweberei** 39 einen Besuch.

Noch vor der Brücke über die Havel wurden in den Jahren 1874/75 eine elegante Villenkolonie gebaut, die meist auswärtigen Besitzer verbrachten hier den Sommer mit herrlichem Blick über den Schwielowsee. Der ebenfalls dort 1870 errichtete Carlsturm ist heute in Privatbesitz.

In Geltow queren wir die Havel auf der **Baumgartenbrücke**, von der man einen herrlichen Blick über den Schwielowsee und über die Havel auf die Silhouette der Inselstadt Werder (Havel) hat. Der Große Kurfürst hatte hier 1667 eine 120 m lange Holzbrücke mit einem zu öffnenden Mittelteil bauen lassen. Die am 30. April 1945 gesprengte Brücke wurde 1950 durch eine neue Brücke ersetzt, die wiederum 1994 durch eine inzwischen fünfte Brücke an dieser Stelle ersetzt wurde.

Highlight *am Wegesrand* 39

Handweberei Henni Jaensch-Zeymer

Beim Besuch in der Handweberei – inzwischen ein technisches Denkmal – schaut man fasziniert den Handweberinnen zu, die an 16 originalen Webstühlen wunderbare Stoffe herstellen. Diese Webstühle sind teilweise 200 bis 300 Jahre alt und wurden über Generationen in einer Familie genutzt. Das „Aktive Museum“ erläutert auf Schautafeln und Modellen das anspruchsvolle Handwerk der Handweberei. Die Weberinnen restaurieren alte Stoffe und stellen neue aus Leinen, Baumwolle, Wolle und Seide als Meterwaren und nach Kundenwünschen her.

Nach dem Museumsbesuch lädt das Café im Webhof zur Einkehr ein.
Am Wasser 19
14548 Schwielowsee
OT Geltow
www.handweberei-geltow.de

Gerahmt noch schöner – Werder an der Havel

Werder an der Havel – Obstkorb der Berliner

Zu den schönsten Orten entlang der mittleren Havel zählt zweifelsohne Werder an der Havel. Wer kann, sollte die Stadt und ihr Umland zur Zeit der Obstblüte besuchen, dann verwandelt sie sich in einen Traum in Weiß und Zartrosa! Alljährlich zieht es Hunderttausende in die **„Blütenstadt"**, die zu den beliebtesten Reisezielen im Land Brandenburg zählt. Das bedeutendste Fest des Jahres ist das alljährlich stattfindende Baumblütenfest am letzten Wochenende im April.

Werders Altstadt 40 (siehe Roadbook) auf der Havelinsel bezaubert durch ihre einzigartige Lage, aber auch das restliche Stadtgebiet ist von allen Seiten von Wasser umgeben und darf sich daher auch „Wasserstadt" nennen: im Osten die Havel und der Große Zernsee, im Süden der Glindower See, im Westen der Große Plessower See. Wer Zeit hat, sollte sich ein Kajak ausleihen und die Stadt vom Wasser aus entdecken!

Hinter Werder begeistert die Havellandschaft, die wir genussvoll auf dem Haveldeich rollend in all ihrer Schönheit erleben können. Immer wieder zwischendurch bietet sich die Möglichkeit, zu einem der Aussichtspunkte etwas erhöht über der Havel hochzufahren, um das Panorama von oben zu genießen. Dazu zählt z. B. der 84 m hohe **Wachtelberg** südlich von **Phöben**, einem Ortsteil von Werder. Gegenüber auf der anderen Havelseite liegt **Töplitz,** das ebenfalls zu Werder gehört.

Wissenswertes im Gepäck

Obst und Wein

von der Havel

Im Frühjahr blühen in Werder (Havel) Tausende von Obstbäumen, die dann im Sommer und Herbst malerisch mit Früchten behangen sind.

Obstgarten Berlins
Schon früh hatten die Fischerfamilien erkannt, dass sich das milde, sonnenreiche Mikroklima auf der Altstadtinsel hervorragend für den Obstbau eignet. Die Nähe zum wachsenden Berlin ermöglichte es Mitte des 19. Jh. ersten Familien, ausschließlich vom Erwerbsobstbau zu leben. Mit den Jahren (und Erfahrung) wurde man effektiver und gründete Ende des 19. Jh. den **Obst- und Gartenbau-Verein**. Er warb in Berlin für das Obst, organisierte überregionale Ausstellungen, beriet die Bauern und veranstaltete 1879 das erste **Baumblütenfest**.

Zu DDR-Zeiten wurden auf den Obstbauflächen die Großproduktion aufgenommen. Nach dem Fall der Mauer schufen der Werdersche Erzeugermarkt und die Neugründung des Obst- und Gartenbauvereins die notwendigen Voraussetzungen für einen erfolgreichen Wiederbeginn. Heute werden auf etwa 1.500 ha Land Kirschen, Erdbeeren, Aprikosen, Äpfel und Weintrauben angebaut.

Das **Obstbaumuseum** hat seine Räumlichkeiten im Seitengebäude des Alten Rathauses (Kirchstraße 6/7).

Wein aus Brandenburg
Seit über 800 Jahren wird in der Mark Brandenburg Weinbau betrieben, im Stadtgebiet von Werder sind es heute 10,5 ha. Drei Winzer produzieren auf vier Weinlagen hochwertige Weine, die zum Anbaugebiet Saale-Unstrut gezählt werden. Die Werderschen Weine wachsen auf reinen tiefgründigen Sandböden, die sich sehr leicht erwärmen, aber auch relativ nährstoffarm sind und wenig Wasser halten können.

Eine der alten Weinbergflächen ist der **Werderaner Wachtelberg.** Die Weine aus Werder zählen zu den nördlichsten Qualitätsweinen Deutschlands. Seit 2012 unterhält Werder eine eigene Kelterei.

Von August bis Oktober bietet die Straußwirtschaft Weintiene auf dem Wachtelberg ihren Gästen frischen Federweißen und Zwiebelkuchen mit Aussicht über die Weinstöcke auf die Havellandschaft.
www.weinbau-lindicke.de

Werder an der Havel im Frühjahr

Der Havelradweg verläuft auf den folgenden 13 km bis Deetz immer auf dem Haveldamm, die Fahrt geht vorbei an Pferdekoppeln, Obstbäumen, weidenden Schafen und auf den Feldern rastenden Kranichen.

Zwischen Phöben und der Fähre nach Paretz präsentiert sich die Havel tatsächlich mal als schmaler Fluss. Wir erreichen die Fähre *Charlotte* nach Ketzin und sollten einen **Abstecher nach Paretz** 41, einem Ortsteil von Ketzin, machen. Auf dem Weg nach Paretz liegt, am Rande einer zauberhaften Wiesen- und Wasserlandschaft, auf einer kleinen Anhöhe eine alte **Bockwindmühle**. Ihren heutigen Standort verdankt sie ebenfalls der Neugestaltung des Dorfes für das Königspaar. Bis 1958 fand der Mühlenbetrieb statt, dann verfiel sie und wurde in 26 Jahren wieder von Privatpersonen hergerichtet, allerdings ist sie nicht mehr betriebsbereit.

Der Radweg bei Phöben

Lohnenswerter Schlenker **41**

Paretz Idylle im Havelland

Raus aus der Großstadt Berlin in die Idylle der Havellandschaft. Das wünschte sich Königin Luise, die in Schloss und Park von Paretz mit ihrer Familie fernab der Etikette entspannte Sommermonate verbrachte. Warum kleckern, wenn man klotzen kann? Kronprinz Friedrich Wilhelm (III.) und seine Luise ließen sich zwischen 1797 und 1804 nicht nur ein Schloss, sondern gleich ein dazu passendes Dorf planen und bauen. Es wurde ein Musterbeispiel der preußischen Landbaukunst um 1800 und erfüllte sowohl die königlichen Ansprüche an einen herrschaftlichen Landsitz als auch alle Anforderungen an ein funktionierendes Bauerndorf.

Der Rundgang durch die königlichen Wohnräume gibt einen Einblick in den damaligen Wohn- und Einrichtungsstil. Die Dauerausstellung dokumentiert die Bau- und Nutzungsgeschichte des Ensembles und die schwierigen Restaurierungsarbeiten.

Schloss Paretz
Parkring 1
14669 Paretz/Ketzin
www.spsg.de/schloesser-gaerten/objekt/schloss-park-paretz/

Von der alten Bockwindmühle führt der Abstecher weiter nach **Paretz** **41**, wo sich der Besuch des Gotischen Hauses und des Schlosses lohnen. Zurück zum Havelradweg am linken Havelufer bringt uns die **Havelfähre**, die nach Schmergow (Havelradweg) und Werder fährt.

Auf dem Haveldamm folgen wir den Windungen des Flusses entlang der eindrucksvollen Brandenburger Osthavelniederung und mit Blick auf die **Ketziner Havelinseln** **42**. Schon bald lockt wieder ein Aussichtsberg: der 68 m hohe **Trebelberg**, an dessen

Highlight am Wegesrand **42**

Naturschutzgebiet Ketziner Havelinseln

Das Naturschutzgebiet setzt sich aus mehreren Schwemmsandinseln zusammen, die ein natürliches Biotop zwischen Nauen und Potsdam bilden. Auenregionen, Flach- und Tiefwasserzonen sowie zahlreiche Buchten schaffen einen ungestörten Lebensraum für seltene und bedrohte Pflanzen- und Tierarten. Das **Landschaftsschutzgebiet Brandenburger Osthavelniederung** erstreckt sich südlich der Havel auf fast 10.000 ha und reicht im Süden bis ins Lehniner Land.

Südseite der Radweg entlangführt. Wer will, kann zu Fuß zum „Gipfel" hochsteigen und die Aussicht von oben auf die Havelniederung genießen.

Als nächstes erreichen wir **Deetz** mit einem kleinen Heimatmuseum, einer Feldsteinkirche und dem 90 m hohen Eichelberg. Bei der Weiterfahrt führt der Radweg durch eine kleine Teichlandschaft, das Labyrinth der **Deetzer Erdelöcher**. Hier wurde bis 1963 über Jahrzehnte Ton für die umliegenden Ziegeleien gewonnen. Heute sind sie

Blick über die Havel bei Deetz

mit Regenwasser vollgelaufen und beliebte Badeseen und Angelgewässer.

Manch einer hat vielleicht das Ziegeleimuseum in Werder besucht, wenn nicht, kann man sich hier auf dem **Ziegellei-Rundweg** über die Produktion informieren. Den Alten Ziegeleikanal überspannt eine historische Drehbrücke – ein Schild weist den Weg vom Havelradweg dorthin, auch der Rundweg ist ausgeschildert. Nach den Erdelöchern sollte man auf der Weiterfahrt nach Brandenburg noch den **Aussichtsturm Götzer Berge** besteigen. Mit knapp 109 m ist der Berg die höchste Erhebung der Gegend. Seit 2012 steht oben ein 42 m hoher (144 Stufen) Aussichtsturm. Ein Plattenweg führt etwas beschwerlich zum Turm

hinauf, alternativ geht man zu Fuß hoch. Belohnt wird man an Tagen mit guter Fernsicht mit einem grandiosen Panoramablick über das Havelland.

Bevor es endgültig nach Brandenburg an der Havel geht, können wir zwischen Götz und dem Abzweig nach Gollwitz noch einmal genüsslich am Wasser auf dem Haveldamm entlangradeln. Dann geht es ins Landesinnere nach **Gollwitz** mit dem gleichnamigen Schloss und weiter nach Brandenburg an der Havel. Der Radweg führt durch die Neustadt, der Abstecher in die historische **Brandenburg an der Havel** 43 ist aber quasi Pflichtprogramm. Zu den sehenswerten Museen der Stadt zählen das **Industriemuseum** 44 (siehe Roadbook) und das **Slawendorf.**

Brandenburgische Weite

Sicht vom Marienberg zur Altstadt mit der St. Gotthardt Kirche und der Dominsel mit dem D

Highlight am Wegesrand **43**

Wiege der Mark Brandenburg

Brandenburg an der Havel

„Venedig an der Havel" – diesen Namen verdankt die Stadt ihrem mediterranen Flair an der Haveluferpromenade und der einmaligen Lage an gleich mehreren Wasserarmen. Die Stadt wurde 928 erstmals erwähnt und blickt auf eine mehr als tausendjährige Geschichte zurück. Brandenburg besitzt gleich drei historische Stadtkerne: Altstadt, Neustadt und Dominsel.

1715 wurden die selbständigen Hansestädte Altstadt und Neustadt vereinigt, 1929 kam noch die Dominsel dazu. Der mittelalterliche Stadtkern sowie die Reste der Stadtbefestigung zählen zu den bedeutenden historischen Zeugnissen Brandenburgs.

In der ganzen Stadt finden sich beeindruckende Backsteingebäude, nicht umsonst liegt die Stadt an der **Europäischen Route der Backsteingotik.** Zu den Hauptsehenswürdigkeiten zählen die Kirchen Dom, Pfarrkirche St. Katharinen

St. Peter und Paul

Altstädtisches Rathaus mit Roland

und St. Petrikirche sowie das Altstädter Rathaus, das Dominikanerkloster St. Pauli sowie Plauer Torturm, Steintorturm und Neustädter Mühlentorturm.

Das **Altstädtische Rathaus** steht auf dem Marktplatz, in seiner heutigen Ansicht um 1468 errichtet. Nach der Zusammenlegung mit der Neustadt befand sich darin eine Webmanufaktur, später wurde das Gebäude mal als Warenlager, Kaufhalle und Kornmagazin oder als Landes- und Stadtgericht und schließlich von der Garnison genutzt.

Die 5 m hohe Sandsteinfigur des **Roland** von 1474 symbolisiert die städtischen Freiheiten und stand ursprünglich auf dem Marktplatz der Neustadt. Er erinnert daran, dass die Stadt Mitglied der Hanse war.

Die **Dominsel** liegt zwischen dem Beetzsee und der Havel, das Ensemble aus Dom, Klausur, Kurien- und Nebengebäuden prägt bis heute das Bild der Dominsel, dem ältesten Teil der aufwändig sanierten Altstadt. König Otto I. hatte 948 das Bistum Brandenburg gegründet, die Grundsteinlegung für den heutigen Dom erfolgte 1165. Mitte des 15. Jh. war der gotische Umbau abgeschlossen, der bis heute das Erscheinungsbild der Kirche prägt. Die Kunstwerke im Dom reichen vom Mittelalter bis in das 20. Jh.

Slawendorf
Auf einem weitläufigen Areal wurde eine slawische Siedlung aus der Zeit des 11. Jh. originalgetreu nachgebaut. So erhalten Besucher einen Eindruck von der Lebens- und Arbeitswelt der Slawen vor etwa 1.000 Jahren. Das Schaudorf besteht aus 11 Hütten, wie sie einst von Bäckern, Töpfern, Webern und Zimmermännern bewohnt wurden. Grundlage für ihr Aussehen waren Ausgrabungsfunde.
Neuendorfer Straße 89c
www.slawendorf-brandenburg.de

Waldmöpse
Ein Leben ohne Mops ist möglich, aber sinnlos.

Der tiefsinnige Spruch stammt von keinem Geringeren als Bernhard Victor (Vicco) von Bülow, besser bekannt als Loriot, der 1923 in der Magdeburger Straße 51 geboren wurde.

In der Altstadt stößt man immer wieder auf 50 cm große bronzene Möpse, die mal sitzen, stehen, schlafen, schnüffeln oder gerade das Bein heben.

Essen, Trinken & Durchatmen

Ein kulinarischer Abzweig

Das **Fischrestaurant Arielle** bietet neben dem Restaurant mit maritimem Flair eine große schwimmende Terrasse direkt am Havelstrand. Beliebt sind die heiß oder kalt geräucherten Fischspezialitäten aus der hauseigenen Räucherei (alle Fische stammen aus der Region). Im Außenbereich bekommt man u. a. Fischbrötchen und Backfisch.

Fischrestaurant Arielle
Fischerstraße 33
14542 Werder (Havel) - Insel
Tel. +49 3327 456 41
www.fischrestaurant-arielle.de

Das **Restaurant Kartoffelkäfer** findet man in der Nähe des Steintorturms. Innen besticht es durch seine liebevolle Ausstattung. Die Kombination von Holz und Stein, Kachelofen und Lederbank oder originalen Kirchenstühlen verleiht jedem Platz eine gewollte Einmaligkeit. Die Küche kocht märkische Gerichte und versucht, die Gäste die Vielfalt der Kartoffel schmecken zu lassen.

Kartoffelkäfer
Steinstraße 56
14776 Brandenburg an der Havel
Tel. +49 3381 22 41 18
www.derkartoffelkaefer.de

Herbst an der Havel

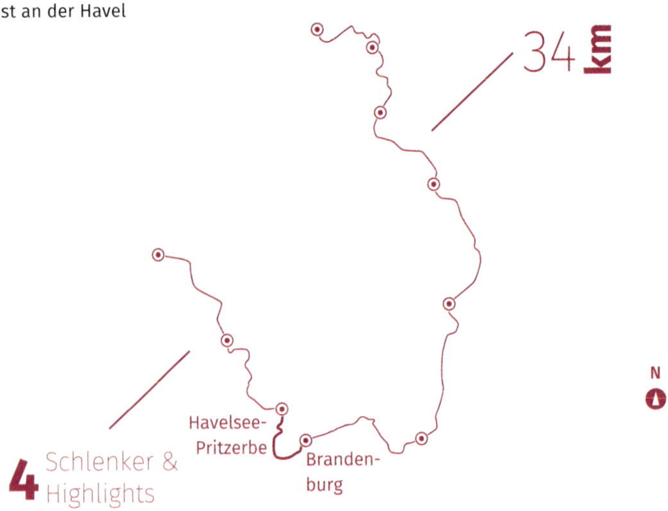

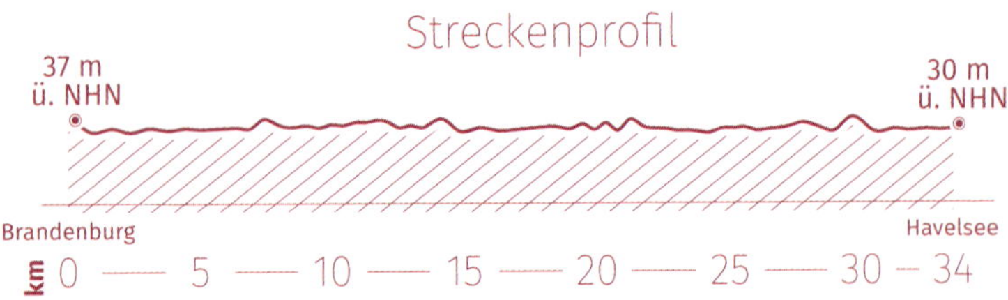

Entlang der Havelseen

Wir starten in Brandenburg an der Havel am Neustädter Markt und verlassen die Stadt im Südwesten Richtung **Wilhelmsdorf**. Unterwegs bietet sich ein sehr lohnenswerter Abstecher zum **Industriemuseum** 44 am Silokanal an. Wer sich die Füße vertreten will, kann im Naturschutzzentrum **Krugpark Brandenburg** 45 einem 3 km langen Lehr- und Erlebnispfad folgen und einiges über Flora und Fauna in Brandenburg lernen. Spannend sind auch die Paddeltouren zum Thema Biber.

Am Seeufer entlang

Von Wilhelmsdorf geht es nach Nordwesten zur Stadthavel, die sich wenige Meter weiter westlich in und dann durch den **Breitlingsee** fließt. Er ist das größte Gewässer eines Seengebietes im Westen von Brandenburg. Wir folgen dem Breitlingsee entlang seines Südostufers und können unterwegs den Blick über den See mit seinen Inseln schweifen lassen. Die große, sich von Nord nach Süden ziehende Insel Kiehnwerder trennt den Breitlingsee vom Möserscher See, an

Segelvergnügen auf dem Beetzsee

Wissenswertes im Gepäck

Die Havel in der Stadt Brandenburg

Am Göttinsee südlich von Paretz münden der Havelkanal und der Sacrow-Paretzer-Kanal in die Havel ein. Danach verzweigt sich der Fluss sowohl zwischen Ketzin/Havel und dem Trebelsee als auch in der Stadt Brandenburg. Gut 1 km vor der Vorstadtschleuse Brandenburg bildet die Havel ein **Binnendelta**, indem der Brandenburger Stadtkanal als natürlicher Flusslauf Richtung Südwesten abzweigt. Im weiteren Stadtgebiet fächert sich der Flusslauf weiter auf. Nach 4 km mündet der Stadtkanal in die Brandenburger Niederhavel ein. Kurz unterhalb der Vorstadtschleuse mündet von Norden her der Beetzsee ein; an gleicher Stelle zweigt nach Westen der Silokanal und nach Südwesten die Brandenburger Niederhavel ab, sie mündet nach etwa 7 km in den Breitlingsee.

Zwischen der Stadt und ihrem Ortsteil Plaue durchfließt die Havel den Plauer See, der zusammen mit dem Quenz-, dem Breitling- und dem Möserschen See einen einzigen großen buchten- und inselreichen See bildet.

Plauer See

dessen Ufer **Kirchmöser Dorf** (historischer Ortskern von Kirchmöser) liegt. Die Ortschaft auf einer Halbinsel st seit 70 Jahren ein Ortsteil von Brandenburg. Die Einwohner von Kirchmöser sind zu beneiden, denn ihr Ort liegt an gleich vier Seen, die zahlreiche Badestellen und viele Möglichkeiten für Bootstouren bieten.

Wahrzeichen des Ortes ist sein 65 m hoher Wasserturm, von dessen Aussichtsplattform sich ein schöner Rundblick bietet (Voranmeldung erforderlich). Interessant ist der **Industrielehrpfad Kirchmöser** (46) entlang wichtiger Bauten im Industriegebiet.

Im Ortsteil Kirchmöser West queren wir die Verbindung zwischen Wendsee

Lohnenswerter *Schlenker* (44)

Industriemuseum

Größtes Stahlwerk der DDR

Im technischen Denkmal steht der letzte Siemens-Martin-Schmelzofen Europas im größten Stahlwerk der DDR, einschließlich aller Anlagen zum Beschicken, Schmelzen und Vergießen. Im Ofen konnten 180 Tonnen Stahl produziert werden. Besucher können mit einem Audioguide auf den Spuren der ehemaligen Stahlwerker die Anlage erkunden. Zu sehen sind unzählige Kräne, Werkstätten, Lokomotiven und historische Fahrzeuge.

August-Sonntag-Straße 5
14776 Brandenburg a.H.
www.industriemuseum-brandenburg.de

Naturschutzzentrum Krugpark

Der Krugpark ist immer geöffnet und bietet neben einem Freizeit- und Ferienprogramm einen 3 km langen Rundweg mit Infotafeln. Ein Tastpfad lädt zum Fühlen mit Händen und Füßen ein. Unterwegs lernt man Interessantes über Flora und Fauna in Brandenburg und kann sich parallel an Fitnessgeräten sportlich betätigen – vielleicht ein guter Ausgleich zum Radfahren. Angeschlossen ist auch eine Wildtierpflegestation.

Auf Anfrage hin werden auch Paddeltouren auf den Spuren der Biber angeboten. Es gibt 3 bis 4-stündige Dämmertörns und Tagestouren, die 6 bis 8 Stunden dauern können. Gepaddelt wird auf der Havel, den Havelseen und der Plane. Bei Tagesausflügen gibt es Pausen auf einer Insel (Buhnenwerder oder Kranicheninsel).

Naturschutzzentrum Krugpark
Wilhelmsdorf 6 P
14776 Brandenburg
Anmeldung:
Tel. +49 3381 583160
www.krugpark-brandenburg.de

im Westen und Plauer See im Osten und fahren parallel zur Havel, allerdings nicht unmittelbar am Ufer, nach Plaue, wo wir durch den Schlosspark Plaue zum **Barockschloss Plaue** fahren. Das dreiflügelige **Barockschloss** vom Anfang des 18. Jh. wurde im Zweiten Weltkrieg stark zerstört und später vielen Veränderungen unterworfen. Nach und nach wurden und werden die Gebäude saniert, Teile heute schon als Hotel genutzt. Entlang der Havel zieht sich der weitläufige, romantische Schlosspark, der frei zugänglich ist und u. a. einen historischen Tontaubenschießstand von 1900 sowie die Grabstätte der Gräfin Lily von Koenigsmarck birgt.

Bevor wir die Havel queren, sollten wir noch einen Abstecher in die Wohnsiedlung **Gartenstadt Plaue** machen. Diese Siedlung ist eine der bedeutendsten Gartenstädte der Region, die zwischen 1915 und 1918 angelegt wurde. Errichtet wurde sie für die Arbeiter der Königlichen Pulverfabrik im benachbarten Kirchmöser.

Zurück auf dem Havelradweg queren wir die Havel und fahren meist mit etwas Abstand zum Fluss nach Briest, dem südlichsten Ortsteil der Stadt Havelsee.

Ein nächster längerer Halt lohnt sich in **Pritzerbe**, das schon ab 948 Stadt-

Highlight am Wegesrand **46**

Industrielehrpfad Kirchmöser

Natur und Industrie

Das ursprüngliche Fischerdorf Möser (ab 1916 Kirchmöser) liegt auf einer Halbinsel inmitten der Havelseen.

Ende 1914 wurde der Bau der Königlich-Preußischen Pulverfabrik auf der abgelegenen Halbinsel beschlossen, in nur einem Jahr baute man auf einem 550 ha großen Areal 400 Fabrikgebäude und 172 Wohnungen. Der Ortsteil erhielt einen eigenen Eisenbahnanschluss, ein innerörtlicher Pendelzug transportierte die Arbeiter von ihren Wohnungen zur Arbeitsstelle und zurück. Zu Hochzeiten arbeiteten 4.000 Arbeiter und Beamte sowie zusätzlich 2.000 Kriegsgefangene in der Fabrik.

Aber schon 1918 wurde die Pulverproduktion eingestellt, ab 1919 auf dem Gelände Güterwagen und Lokomotiven aufgearbeitet. Parallel wurde mit dem Bau eines Werkes für die Instandhaltung von Lokomotiven begonnen, das 1924 das europaweit modernste seiner Art war. Im Zweiten Weltkrieg wurden dort auch Panzer hergestellt. Bis Mitte der 1950er-Jahre reparierte die Sowjetarmee in den Hallen ihre Panzer. Die Pulverfabrik wurde in Teilen zu einem Freilichtmuseum umgewidmet.

Der 11 km lange **Industrielehrpfad** mit seinen 13 Stationen zeigt die zwei Seiten der Region: die idyllische havelländische Fluss- und Seenlandschaft und die wichtigsten Gebäude von Kirchmöser. Auf dem Weg lässt sich die Transformation vom einstigen Bauern- und Fischerdorf Möser hin zum Industriestandort Kirchmöser nachvollziehen. Höhepunkt im wahrsten Sinn ist zum Abschluss der Aufstieg auf den 65 m hohen **Wasserturm**, der auf Anfrage hin bestiegen werden kann. Startpunkt ist der Bahnhof. Gehzeit: 3–4 Std.

Wasserturmbesteigung:
Tel. +49 3381 80 01 10

Industrievillen in Kirchmöser

rechte hatte, heute aber ein Stadtteil von Havelsee ist, einem künstlichen Verbund mehrerer Gemeinden.

Die märkische Kleinstadt am Nordufer des Pritzerber Sees und der Havel hat durch ihre über 1000-jährige Geschichte einen schönen historischen Stadtkern. Besonders sehenswert sind die Straßenzüge Dammstraße, Havelstraße und Mühlenstraße. Ein Spaziergang durch den historischen Stadtkern endet bei der Stadtkirche St. Marien „Unser lieben Frauen", die wohl schon im 13. Jh. gegründet, zweimal bei einem Stadtbrand zerstört und schließlich als Neubau 1783 eingeweiht wurde. Bedeutend ist die Orgel von Joachim Wagner, die vorher in Potsdam stand. Im Nordosten der Stadt liegt die **Rohrweberei Pritzerbe** 47.

Highlight am Wegesrand 47

Museum Rohrweberei Pritzerbe

Die letzte ihrer Art

Gelebte Handwerkstradition: In der Rohrweberei wird auf speziellen Webstühlen Schilf, das entlang des Havelufers und rund um die umliegenden Seen wächst, zu Schilfrohrmatten und anderen Erzeugnissen gewoben.

Das Weben von Schilfrohren zu Rohrmatten und anderen Produkten hat eine über Jahrhunderte reichende Tradition im Brandenburgischen. Bis heute wird in Pritzerbe alles in Handarbeit nach den traditionellen Schritten hergestellt, die Produkte zeichnen sich daher durch eine außergewöhnliche Qualität und Güte aus. Da heute viele frühere Erntebereiche unter Naturschutz stehen, wird das Schilf auf ausgewiesenen Feldern der Rohrweberei kultiviert, beim Schilf handelt es sich um die robuste und pflegeleichte Sorte Miscanthus.

Der **Schilferlebnissteg** führt Besucher mitten hinein ins Schilf, mit Infotafeln zum Schilf selbst und den „Bewohnern" des Schilfgürtels um den Pritzerber See. Von einer Aussichtsplattform am Ende des Stegs kann man im Frühjahr und Sommer die Vogelwelt beobachten. Das angeschlossene **Museum** erläutert Flora und Fauna und die Herstellungsprozesse der Rohrweberei. Unter der Woche kann man den Webern an den Handwebstühlen zuschauen, teilweise darf man auch selbst unter Anleitung weben.

Es empfiehlt sich, vor einem Besuch die Öffnungszeiten zu überprüfen.
Marzahner Chaussee 06
14798 Havelsee
OT Pritzerbe
Tel. +49 33834 502 36
www.rohrweberei.de

Wissenswertes im Gepäck

Gartenstadt
Plaue

Die denkmalgeschützte Gartenstadt liegt 500 m nördlich von Plaue und wurde ab 1916 von Paul Schmitthenner nach dem Vorbild englischer Gartenstädte verwirklicht. Der damals noch junge Architekt versuchte hier den neuen Typ „grüne" Vorstadtsiedlung umzusetzen: Sein Ziel war es, Stadt, Siedlung und Mensch wieder in Einklang mit der Natur zu bringen. Einen dörflichen Charakter sollte die Siedlung haben, daher gibt es überwiegend eingeschossige traufständige Reihenhäuser mit Stallanbauten und Nutzgärten für eine Eigenversorgung der Hausbesitzer. Es gab verschiedene Grundrisstypen und 15 leicht variierende Haustürformen, 6 unterschiedliche sprossengeteilte Fenstertypen sowie Giebelelemente, Fledermausgauben, Dachhechte und Klappläden. So sollte eine Monotonie vermieden werden.

www.gartenstadt-plaue.de

Essen, Trinken & Durchatmen

Ein kulinarischer Abzweig

Die liebevoll restaurierte Schloss-Schänke im Schloss Plaue findet man in einem Fischerhaus direkt an der Havel. Das stimmungsvolle Café bietet innen und bei schönem Wetter auch auf der am Fluss gelegenen Terrasse Sitzplätze. Von März bis Oktober werden Kaffee, Kuchen, kalte Getränke und Snacks angeboten.

Schloss Schänke
Schlossstraße 27 a
14774 Brandenburg an der Havel
Tel. +49 3381 306 23 62
www.schlossplaue.de

Die Dorfkneipe **„Fohrder Eck"** in Fohrde südlich von Pritzerbe ist seit über 150 Jahren in Familienbesitz. Hier kocht die Wirtin noch selbst und serviert ihre Hausmannskost wie Sülze, Fleischsolijanka oder Schnitzel in der Bauernstube oder im Sommer im Hof. Das Bier bezieht die Wirtin aus dem Schwarzwald.

Gaststätte Fohrder Eck
Pritzerberstraße 68
14798 Havelsee
Tel. +49 33834 502 28
www.fohrdereck.net

Naturpark Westhavelland

Morgenstimmung im Naturpark

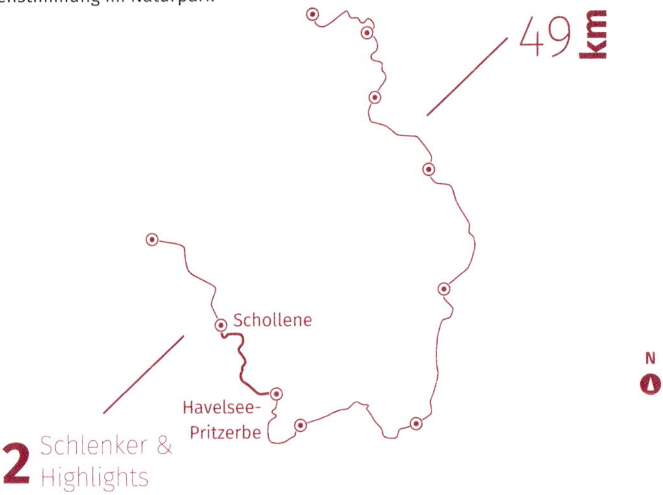

Streckenprofil

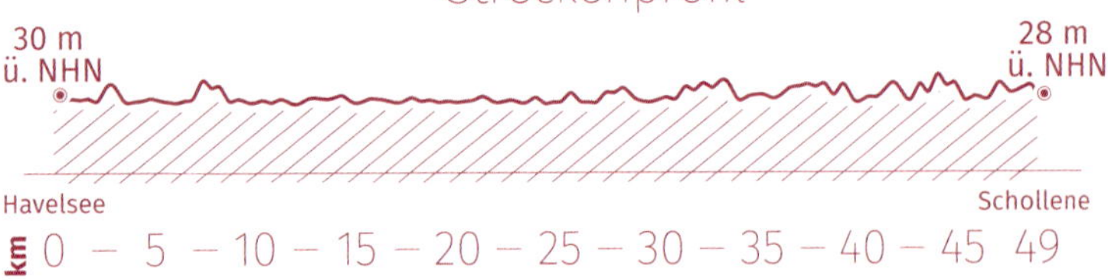

Vir starten am Fähranleger und nehnen die Fähre, die von Pritzerbe nach Kützkow übersetzt. Auch Kützkow ist in Ortsteil von Havelsee. Die Fähre ieht sich mit Hilfe eines Dieselmoors an einer Kette über die Havel, in Drahtseil dient als Führung und icherung. Am südlichen Ortsrand ndet sich unweit des Campingplatzes „An der Unterhavel“ der **Erlebnishof ützkow** mit Gaststätte, Campinglatz und eine für die Region ungeöhnliche Tierschar, darunter Straue, Zebus sowie eine Reihe seltener chweinerassen.

ırz vor dem Erlebnishof biegt der adweg nach Westen ab und führt ınächst nach **Bahnitz**, wo sich ein topp bei der Schleuse lohnt. Die chleuse mit Durchstich, Wehr, Vehrschuppen und Schleusenhaus urde in den Jahren 1908–1912 erbaut. Vier Schiffe mit je 80 m Länge nden in ihr gleichzeitig Platz. Bis vor wenigen Jahren gab es hier auch noch eines von nur mehr drei Nadelwehren, bestehend aus 633 Nadeln (Kanthölzer) in der Havel. Da es baulich in so schlechtem Zustand war (1911 erbaut) und ein Nachbau zu aufwändig in der personellen Betreuung gewesen wäre, hat man das historische Nadelwehr 2005 durch ein Schlauchwehr ersetzt.

Kunstinteressierten sei empfohlen, auf der Homepage des Kunstvereins Bahnitz zu schauen, ob in der Kunsthalle gerade eine Ausstellung in einem umgebauten Stallgebäude gezeigt wird. Der Kunstverein hat sich der zeitgenössischen Kunst im ländlichen Raum verschrieben.

Über die Felder geht es weiter nach Jerchel, wo der Radweg erneut die Richtung ändert und nun nach Norden über Marquede nach **Milow** führt. Hier unterhält der **Naturpark Westhavelland** ein Naturpark-

Naturpark Westhavelland

Wissenswertes im Gepäck

Wasserreich ist der Naturpark, durchflossen von der Havel und ihren Alt- und Nebenarmen. Gesäumt werden die Gewässer von Schilfgürteln und sumpfigen Wiesen. Im Park finden sich 180 Seen, die in weiten Niederungen und zwischen waldreichen Erhebungen liegen. Eine der schönsten Ecken des Bundeslandes Brandenburg!

Die **Niederung der Unteren Havel** ist eines der größten zusammenhängenden Feuchtgebiete im westlichen Mitteleuropa, sehr dünn besiedelt und daher ein bedeutender Lebensraum für viele bedrohte und gefährdete Tier- und Pflanzenarten.

Hier lassen sich Wat- und Wasservögel, Biber und Fischotter, Seeadler und Rotmilan sowie die letzten Großtrappen in Deutschland beobachten. Die Untere Havel ist zudem einer der bedeutendsten Binnenrastplätze nordischer Zugvögel. Im Herbst zählen die Naturparkmitarbeiter bis zu 100.000 Wildgänse und 1.500 Kraniche am Tag.

Zu den im Frühjahr brütenden Arten zählen Gro-

Stimmungsvoll zu allen Jahreszeiten

ßer Brachvogel, Kiebitz, Uferschnepfe, Rotschenkel, Bekassine und Wachtelkönig sowie bedrohte Entenarten wie Löffelente, Knäkente, Schnatter- und Spießente.

Der Havelradweg quert den Naturpark von Süd nach Nord – wer ihn von Ost nach West entdecken will, folgt dem Havelland-Radweg.
www.westhavelland-naturpark.de

NaturparkZentrum Westhavelland
Über Jahrzehnte wurde die Havel für den Ausbau der Binnenschifffahrt begradigt und befestigt – inzwischen folgt man einer anderen Strategie und versucht, den Fluss an vielen Stellen zu renaturieren. In der Ausstellung ist daher die größte Flussrenaturierung Europas das zentrale Thema. Ein Wassermodell lässt Besucher erleben, was einen naturnahen Fluss ausmacht. In einer Hörstation lassen sich die Geräusche und Rufe der Nachttiere hören. Wer keine Möglichkeit zur Sternenbeobachtung hat, kann im Sternenerlebnisraum einen Eindruck vom Sternenhimmel über den Havelschleifen erhalten.
Stremmestraße 10
14715 Milower Land
Tel. +49 3386 21 11 66
www.nabu-westhavelland.de

Zentrum. Im **Besucherzentrum** des **Naturparks Westhavelland** wird in einer Ausstellung alles Wissenswerte über diese weitgehend naturbelassene Landschaft erklärt, die vor allem von der Havel geprägt ist. Kinder können am Modell Hochwasser simulieren und lernen viel über Zugvögel, die für diese Region sehr bedeutsam sind.

Weiter geht es links der Havel nach **Bützer**, wo wir im Ortsgebiet am Fluss entlangfahren; am Ufer liegen einige kleine sandige Badestellen.

In Kurven wird das Naturschutzgebiet zur Rechten umfahren, danach nähert sich der Radweg wieder dem Ufer der Havel an. Im Herbst rasten auf den

Milower Land

Blick auf Schollene

Feldern Kraniche und Gänse. Wir fahren durch **Böhne**, kehren erneut zur Havel zurück und unterqueren die Havelbrücke.

Ein rund 3 km langer Abstecher nach rechts führt wenig später ins Zentrum von **Rathenow** 48. Von dort bietet sich auch die Möglichkeit, zur Naturwacht Westhavelland zu fahren, sie ist einer der besten Beobachtungspunkte des **Sternenparks Westhavelland (S. 159)**. Der Abstecher dorthin ist 16 km lang.

Auf dem Havel-Radweg geht es weiter geradeaus nach **Steckelsdorf**. Von dort führt der Radweg vorbei am links liegenden Steckelsdorfer See

Rathenow

Stadt der Optik

Der historische Kern mit Teilen der alten Stadtmauer, dem Kirchberg und der St.-Marien-Andreas-Kirche befindet sich auf der Altstadtinsel, die von vier Armen der Havel umschlossen ist. Auf dem Kirchberg steht gegenüber vom Westportal der Kirche das Geburtshaus von Johann Heinrich August Duncker, der hier ab1800 seine erste optische Werkstatt betrieb.

OIMR Optik Industrie Museum Rathenow
Vor über 200 Jahren erfand Johann Heinrich August Duncker in Rathenow die Vielschleifmaschine, 1801 wurde ihm das „königliche" Privileg zur Gründung einer Optischen Industrieanstalt gewährt. Seine Erfindung war für die Optik bahnbrechend, denn nun konnte man elf Gläser gleichzeitig und in guter Qualität schleifen – der Grundstein für die optische Industrie allgemein und in Rathenow. Zeitweise waren hier bis zu 300 Unternehmen ansässig.

Die Dauerausstellung im **Kulturzentrum** der Stadt widmet sich der Geschichte der Optischen Industrie in der Stadt. Im Museum sind über 1000 optische Instrumente zu sehen – von der kleinen Linse im Mikroskop bis zur riesigen Leuchtfeuerlinse. Zu den herausragenden Exponaten zählen das erste europäische Weitwinkelobjektiv „Pantoscop", verschiedene Linsensysteme für Leuchtfeuer, das erste europäische Auflichtmikroskop für Normalfilm von 1951 und eine Nachbildung der berühmten Vielschleifmaschine Dunckers von 1801 und eine Original „Duncker-Brille". Das Anfassen, Ausprobieren und Mitmachen ist ausdrücklich erwünscht.

Rahtenower Kulturzentrum
Märkischer Platz 3
14712 Rathenow
www.oimr.de

Optikpark
Der Optikpark auf der Schwedendamminsel ist in erster Linie ein Anziehungspunkt für Hobbygärtner. Vom Frühjahr bis zum Herbst leuchtet es hier in allen Regenbogenfarben. Im Frühjahr blühen hier Zehntausende Tulpen, Hornveilchen und Stiefmütterchen, im Frühsommer werden sie ersetzt durch Zinnien, Petunien, Glockenblumen, Sonnentaler, Studentenblumen, Pelargonien, Begonien, Zauberglöckchen und viele weitere Sommerblüher – immer farblich sortiert nach dem Spektrum des Lichtes. Insgesamt sind es 37 Beete, jeweils 4 m breit und 20 m lang.

Brachymedial-Fernrohr Im Rathenower Optikpark

Der Park wird aber auch seinem Namen gerecht, denn zwischen den Beeten findet sich das weltweit größte, funktionstüchtige Brachymedial-Fernrohr (Teleskop, das mit Spiegeln oder Linsen genutzt werden kann), man stößt auf einen Leuchtturm (er stand 1990 bis 1997 auf der Mittelmole in Warnemünde), auf eine Optikskulptur, eine Farbpyramide und einen Optikspielplatz. Eine Spiegelwand sorgt für verblüffende optische Täuschungen – ein Spaß für Groß und Klein.

Floßfahrt
Auf einem Havel-Altarm kann man eine kurze Floßfahrt unternehmen, sie führt zu Biberburgen, unter der Weinbergbrücke hindurch bis zur Farbrauminsel im Optikpark.

www.optikpark-rathenow.de

Blick auf die Altstadt mit der St.-Marien-Andreas-Kirche

Highlights am Wegesrand 49

Bockwindmühle Schollene

Auf dem Mühlenberg im Westen des Ortes steht die 1845 erbaute Bockwindmühle. Bis 1967 drehten sich die Flügel, dann wurde sie dem Verfall preisgegeben. 1997 beschloss die Gemeinde den Kauf der Mühle, rekonstruierte und sanierte sie und sicherte für die Zukunft den Erhalt der Mühle. Diese kann heute wieder an ausgewählten Tagen besichtigt werden. Im Außenbereich werden landwirtschaftliche Geräte gezeigt, seit 2011 gibt es auch wieder einen Göpel.

Die Mühle wird wie das Museum des Ortes vom Heimatverein Schollene betreut und gepflegt. Die Mühle wird im Sommer jeweils am letzten Sonntagnachmittag geöffnet.

Von der Bockwindmühle bietet sich ein herrlicher Blick über den Schollener See und das ihn umgebene Naturschutzgebiet, ein wichtiger Brut- und Rastplatz für Vögel.

Bockwindmühle
Am Mühlenberg
14715 Schollene
Tel. +49 39389 213
www.schollene-land.de

und entlang des Truppenübungsplatzes über Göttlin zurück zur Havel. In einem weiten Linksbogen erreichen wir **Grütz.** Hier findet man bei der Schleuse noch ein intaktes Nadelwehr.

In einem weiten Rechtsbogen umfahren wir ein Feuchtgebiet und erreichen schon bald **Schollene** am Schollener See. Neben dem Rittergut Schloss Schollene lohnt sich der Besuch des Beobachtungspunktes Gütschow am Westufer des Sees, ein Stopp bei der Museumsscheune und bei der **Bockwindmühle** 49 des Ortes.

Essen, Trinken & Durchatmen

Ein kulinarischer Abzweig

Zugegeben, Strauße und Zebus sind im Havelland nicht unbedingt heimisch, finden sich aber trotzdem auf der Karte der **Gaststätte „Zum Nussbaum“**, die zum Erlebnishof Kützkow gehört. Die Köche verarbeiten das leckere Fleisch der auf dem Hof lebenden Großvögel und der indischen Rinder zu Gulasch, Rouladen, Burgern und Steaks.

Erlebnishof Kützkow
Fährstraße 7
14798 Havelsee OT Kützkow
Tel. +49 33834 513 09
www.erlebnishof-kuetzkows

Der **Gasthof Milow** besticht durch seine Lage direkt am Flussufer der Havel und am Havelradweg. Gekocht werden Köstlichkeiten aus der Mark Brandenburg, frisch zubereitet mit regionalen Produkten. Es gibt verschiedene Restaurantbereiche und eine Terrasse mit Sonnenuntergangsblick.

Gasthof Milow
Stremmestraße 9
14715 Milower Land / OT Milow
Tel. +49 3386 21 01 45
www.gasthof-milow.com

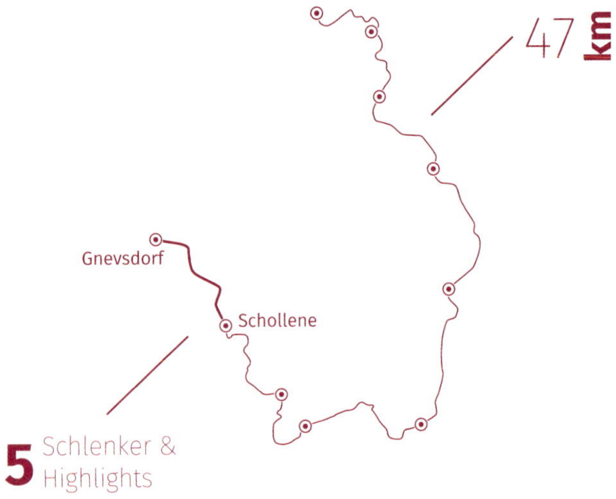
47 km
Gnevsdorf
Schollene
N
5 Schlenker & Highlights

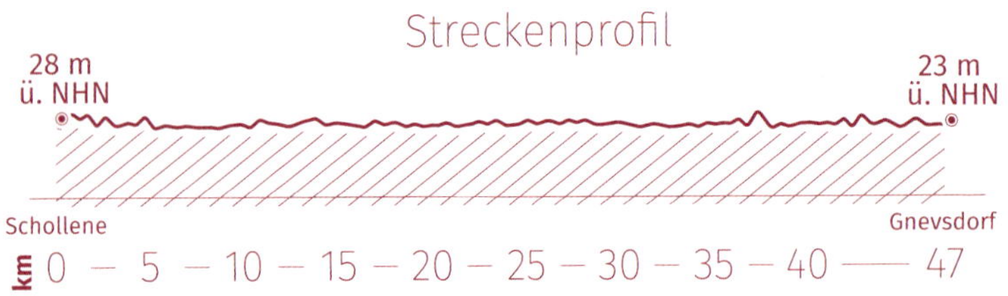
Streckenprofil
28 m ü. NHN
23 m ü. NHN
Schollene
Gnevsdorf
km 0 — 5 — 10 — 15 — 20 — 25 — 30 — 35 — 40 —— 47

Im Reich von Kranich, Storch und Biber

Die Untere Havel durchzieht mal breit und gradlinig fließend, mal schmal und mäandrierend durch eines der größten zusammenhängenden Binnenland-Feuchtgebiete Westeuropas. Etwas 1.500 km² groß ist die **Untere Havelniederung**, die früher regelmäßig überflutet wurde – ein Mosaik aus fließenden, stehenden, temporären Gewässern und großen Flachwasserseen, an die sich regelmäßig überflutete Wiesen und Weiden anschließen. So sollte man sich unterwegs Zeit nehmen, diese einzigartige Flusslandschaft auf sich wirken zu lassen, Vögel beobachten und vielleicht auch einmal für ein paar Stunden vom Sattel ins Boot umsteigen.

Vogelreiche Untere Havel

Von Schollene geht es geradewegs nach Norden Richtung Molkenberg, durchs Dorf hindurch und weiter Richtung Norden, etwas entfernt von der Havel. Zwischen Molkenberg und Warnau führt der Radweg durch die Überschwemmungsgebiete der Unteren Havelniederung. Hier machen im Frühjahr und Herbst unzählige Zugvögel wie Schwäne, Gänse und Kraniche auf ihrem Zug nach Norden bzw. Süden Station. Sie finden hier abseits in der sonst weitgehend vom Menschen geprägten Kulturlandschaft weitläufige Überflutungsflächen mit entsprechendem Futterangebot. Die Überflutungsflächen stehen unter Naturschutz.

In der Linkskurve des Radwegs rund 2 km südlich von Warnau sind es nur 300 m zur Havel. Der Radweg folgt dem Linksbogen, quert den Warnauer Vorfluter und biegt an der folgenden T-Kreuzung nach Norden Richtung Warnau ab.

Warnau ist schon ein Ortsteil von Havelberg und liegt weltabgeschieden in der Unteren Havelniederung im west-

Blick auf die Altstadt mit der St.-Marien-Andreas-Kirche

lichen **Elb-Havel-Winkel.** Der Name ist slawischen Ursprungs und lässt sich mit „Krähwinkel" übersetzen. Die ursprüngliche wendische Siedlung ist seit dem 13. Jh. bekannt, lag aber westlich des heutigen Ortes. Die Häuser waren so stark vom immer wiederkehrenden Hochwasser in der Niederung betroffen, dass die Bewohner sie schließlich auf einer Anhöhe um die Kirche am höchsten Punkt neu errichteten – man vermutet nach dem Dreißigjährigen Krieg.

Auch von Warnau aus kann man nochmals einen Abstecher zur Havel machen, das ist immer lohnend, denn in den weitläufigen Überschwemmungsarealen lassen sich vor allem im Herbst, aber auch im Frühjahr viele Vögel beobachten: Hier lassen sich mit dem Fernglas Nordische Gänse und Schwäne, Kraniche, Enten und Schnepfenvögel in großen Schwärmen beobachten. Der Ruf der Kraniche ist einzigartig. Lohnenswert ist auch der 700 m lange **„Auenpfad Havelaltarm Warnau"**, Tafeln informieren über die Natur der Unteren Havelniederung und ihre Bewohner, darunter der Elbebiber. Am Lehrpfad liegt auch das Schöpfwerk Warnau.

Vorbei an der Dorfkirche wird der Ort verlassen, kurz darauf ist **Garz** **50** erreicht. Das kleine Haveldorf inmitten weitläufiger Überschwemmungsgebiete steht als Ganzes unter Denkmalschutz, denn es war ursprünglich ein slawisches Runddorf. Der Garzer Hafen gleich neben der hübschen Fachwerkkirche verbindet das Dorf mit dem Wasserwegenetz der Havel und wird heute vor allem von Sportbooten und Wasserwanderern angefahren. Es lohnt sich, hier einmal vom Rad zu steigen und eine kleine Paddeltour zu unternehmen.

Garz

Halbes Rundlingsdorf

Der 12 km südlich der Stadt gelegene Havelberger Ortsteil ist durch einen großen Brand Ende des 19. Jh. zerstört worden. Den Ursprung als slawisches Runddorf kann man noch an dem halbkreisförmigen Grundriss erkennen; die alten Viereckhöfe sind in Ziegelbauweise wieder aufgebaut worden.

Erhalten blieb auch die hübsche achteckige **Fachwerkkirche** von 1688, die schief und krumm neben dem Dorfhafen auf einer kleinen Erhebung im sogenannten Oberdorf steht. Neben der Kirche befindet sich der Friedhof, dessen Mauern an einen Altarm der Havel grenzen. Auch der Name Garz ist slawischen Ursprungs und bedeutet so viel wie „befestigter Ort" oder „kleine Burg".

Die imposanten **Vierseitenhöfe** wurden nach einem Brand 1897, der das ganze Dorf vernichtet hatte, neu im Backsteinstil mit einer Schaufassade zur Kirche hin wiederaufgebaut.

Garzer Schleuse und Wehr

Beide Anlagen liegen nur einen kurzen Spaziergang vom Ortskern entfernt. Errichtet Anfang des letzten Jahrhunderts, sollten Wehr und Schleuse für eine Verbesserung der Vorflut- und Schifffahrtsverhältnisse in der Unteren Havel sorgen. Das Garzer Wehr wurde zusammen mit den Wehren in Bahnitz und Grütz als sogenannte „Sommerstaustufe" zur Wasserstandsregulierung errichtet. Das historische Nadelwehr besteht aus 375 Nadeln und ist 49,10 m lang. Zur Umfahrung der Wehranlage wurde ein Durchstich mit Schleusenanlage gebaut. Die einst vielbefahrene 200 m lange und 18 m breite Schleuse wird heute fernbedient und fast nur noch von Sportbooten genutzt. In Garz leben noch einige Havelfischer, die regelmäßig zum Fischen auf der Havel hinausfahren.
www.garz-havel.de

Rustikale Übernachtung

Wer einmal einen der Vierseithöfe von innen sehen will, kann in den Ställen und Scheunen der **Havelhöfe Garz** in der Radlerpension übernachten. Der umgebaute ehemalige Stall bietet im Erdgeschoss eine voll ausgestattete Gemeinschaftsküche.

www. havelhoefe.de/ radlerpension/

Wissenswertes im Gepäck

Elb-Havel-Winkel

Im Biosphärenreservat Mittelelbe

Im Norden des Bundeslandes Sachsen-Anhalt liegt die Altmark. Als Elb-Havel-Winkel wird der Landstrich zwischen Tangermünde im Südosten, Havelberg und Rathenow bezeichnet, für viele wegen seiner landschaftlichen Schönheit ein Geheimtipp. Im Westen liegt die Elbe, im Osten das Havelland. Große Teile des Elb-Havel-Winkels – der Norden zwischen Elbe und Havel und die Elbauen im Süden – liegen innerhalb der Grenzen des UNESCO-Biosphärenreservats Mittelelbe.

Für Naturliebhaber ist sie das Paradies: Felder voller Wildblumen, grüne Deiche, schattige, im Herbst bunt leuchtende Wälder, kleine beschauliche Ortschaften und viele Storchennester. Im Herbst zieht es Ornithologen und Hobby-Vogelkundler in die Havelniederungen. Entlang der Havel lassen sich in der offenen, von Wasserläufen, Seen und Überschwemmungsflächen geprägten Flusslandschaft tausende Wasser- und Watvögel beobachten.

Zug der Kraniche

Vor allem im Schollener Raum lassen sich im September und Oktober besonders gut die Kraniche beobachten. Sie machen von Norden kommend für einige Wochen hier Station und erfüllen mit ihren markanten lauten Rufen die Luft. Zum Beobachten empfehlen sich die Aussichtsplattformen bei Neuschollene sowie zwischen Havelberg und Jederitz. Neben den Kranichen lassen sich im Sommer auch See- und Fischadler beobachten.

Warten auf den Klapperstorch

In den Havelauen ist der Tisch für die Weiß- und die selteneren Schwarzstörche immer gedeckt, und so findet sich in fast jedem Ort ein besetztes Storchennest. Die Einheimischen freuen sich auf ihre klappernden Mitbewohner und erwarten ihr Ankommen ungeduldig. Ganz enthusiastische Dorfbewohner dokumentieren auf kleinen Tafeln an den Gebäuden den jährlichen Storchennachwuchs.
www.elbhavelwinkel.com

Erlebnisführungen in Garz

Im Rahmen einer zweistündigen Erlebnisführung erfährt man Spannendes über die Architektur des Dorfes, die Flusslandschaft, die Gefahr des Hochwassers und die notwendigen Schutzmaßnahmen.
Führungen:
Kathrin Hamann
Alte Kirchstr. 5-6
39524 Garz
Tel. +49 39387 72 96 14
www.domherrn8.de

Die Untere Havel zwischen Warnau und Gülpe

Wissenswertes im Gepäck

Auenpfad Havelaltarm Warnau

Unterwegs in den Polderwiesen

Warnau liegt in der Unteren Havelniederung, wo sich die Havel besonders stark verzweigt hat und die Havel in mehreren Armen fließt. Einen solchen, stark verzweigten Abschnitt findet man südlich von Warnau. Heute sind diese Arme durch den Damm vom Hauptfluss abgetrennt und liegen in einem Polder.

Die Polderflächen werden von den örtlichen Landwirten landwirtschaftlich genutzt und sind im Herbst und Frühjahr begehrte Rastplätze der Zugvögel. So lassen sich in den Polderwiesen die nordischen Bläss- und Saatgänse, aber auch Kiebitz und Goldregenpfeifer beobachten.

Der Lehrpfad startet an der **Warnauer Fischerstube** und führt an Kopfweiden, Wiesen und alten Havelarmen entlang.

Sternenpark Westhavelland

Spektakulärer Nachthimmel über der Havel

Hier geht es um ein Highlight des Havelradwegs, dass man zu einer Zeit genießt, in der man als Radfahrer normalerweise den Tag gemütlich in einer guten Wirtschaft (oder im Bett) ausklingen lässt. Nicht so im Naturpark Westhavelland, der zugleich ein ausgewiesenes Nachtschutzgebiet ist. Diese haben keinen „Eingang“, Besucher müssen auf keine Öffnungszeiten achten, geschweige denn Eintritt bezahlen. Der Naturpark Havelland wurde 2014 als erster Sternenpark Deutschlands ausgewiesen. Vor allem in der nördlichen Hälfte des Naturparks ist

ternenpark Westhavelland

es sehr dunkel, es fehlen größere Ortschaften und die Besiedlung ist generell dünn.

Entlang des Havelradwegs zählt dazu der Abschnitt zwischen Pritzerbe und Gülpe. Leider liegt aber zwischen dem Radweg und den besten Plätzen des Sternenparks die Havel, die zwischen Rathenow und der Brücke nördlich von Garz keinen Übergang hat. So muss man für eine Nacht unter Sternen längere Anfahrtswege in Kauf nehmen. Auf der Homepage des Sternenparks zeigt eine Übersichtskarte jene Orte, wo astronomisch Interessierte besonders gute Möglichkeiten zur Beobachtung und Informationen vorfinden, auch Anfahrtsbeschreibungen gibt es.

Beobachtungsstation „Sternenblick Parey“
Hier finden regelmäßig Vortrags- und Beobachtungsabende statt, außerdem gibt es eine Beobachtungsplattform. Nach Havelaue fährt man vom Radweg (Abzweig vor Steckelsdorf) 16 km über Rathenow zur Beobachtungsstation.
Naturwacht Westhavelland
Pareyer Dorfstraße 5
14715 Havelaue

Weitere Plätze:
- nördlich des Gülper Sees
- südlich von Joachimshof
- südlich von Rübehorst

www.sternenpark-westhavelland.de

Ziele der Sternenparks

Die Liste ist lang: Schutz der menschlichen Gesundheit durch besseren Schlaf, Schutz der nachtaktiven Tier- und Pflanzenwelt, Einsparung von Energie, Ressourcen und Geld, ein Beitrag zum Klimaschutz, der Erhalt des dunklen Sternenhimmels als ältestes Kulturgut der Menschheit, die Aufklärung zum Problem der Lichtverschmutzung und die Förderung eines nachhaltigen Naturtourismus.

In Deutschland gibt es weitere von der amerikanischen NGO International Dark Sky Association zertifizierte Sternenparks:
- im Biosphärenreservat Rhön
- im Nationalpark Eifel
- Winklmoos-Alm in den Chiemgauer Alpen

Die gemessen dunkelsten Orte in Deutschland sind die Insel Spiekeroog und die Insel Pellworm.

Wir fahren nun durch die **Flusslandschaft Untere Havelniederung.** Kurz hinter Garz erreichen wir eine Kreuzung, wo sich nach rechts ein Abstecher auf die Ostseite der Havel bietet – über die Havelbrücke sind gleich drei interessante Beobachtungspunkte des **Sternenparks Havelland** 51 erreichbar.

Der offizielle Radweg führt weiter in ein weiteres slawisches Runddorf im Elb-Havel-Winkel: **Kuhlhausen**. Kuhlhausen ist ebenfalls ein Ortsteil von Havelberg; in dem klassischen Rundlingsdorf, dessen historischer Kern die Ringstraße nachzeichnet, stehen einige Gebäude unter Denkmalschutz. Gleich am Ortseingang kommen wir am Karpfenteich mit einem Storchennest auf einer Insel vorbei. Rechts des Radwegs erhebt sich der sogenannte Weidendom. Eine Plattform befindet sich im Turm des Domes. Das Kirchenschiff besteht aus Weiden, die ein grünes Dach und Wände bilden, es wird für Freiluftveranstaltungen genutzt. Im Zentrum steht die richtige Kirche, die turmlose **Schinkelkirche,** nach einem Entwurf von Baumeis-

Wissenswertes im Gepäck

Flusslandschaft
Untere Havelniederung

Naturliebhaber finden hier unweit der Hauptstadt Berlin eine noch weitgehend unberührte, vom Wasser geprägte Naturlandschaft. Die Havel und ihre vielen Neben- und Seitenarme werden von Feuchtwiesen und Schilfgürteln gesäumt, die Landschaft ist flach und der Horizont weit.

Die Renaturierung des Flusses ist eines der größten Projekte ihrer Art. Als Maßnahmen werden auf 90 km zwischen Pritzerbe und Gnevsdorf Altarme angeschlossen, Uferbefestigungen zurückgebaut, Flutrinnen reaktiviert und Fischwanderhilfen gebaut. Auch 90 ha Auenwald werden und wurden neu gepflanzt, sie dienen als natürliche Kläranlage und als Retensionsflächen bei Hochwasser. Zusätzlich werden Deichabschnitte zurückgebaut und damit weiteres Überflutungsgrünland zum Hochwasserschutz gewonnen. Eine Voraussetzung dafür war die politische Entscheidung 1996, die Untere Havel als Bundeswasserstraße aufzugeben.

1.500 km^2 der Havelniederung wurden einst bei den jährlichen Hochwässern regelmäßig überflutet und boten

ideale Rast- und Brutgebiete für Wasservögel. Auch wenn heute weite Teile der Auenlandschaft durch Eindeichung von der regelmäßigen Überflutung abgeschnitten sind, so nutzen doch große Schwärme nordischer Gänse, Kraniche, zahlreiche Entenarten und Watvögel die verbliebenen naturnahen Bereiche auf dem Durchzug. Während des Vogelzuges rasten hier bis zu 90.000 nordische Bless- und Saatgänse. Wegen ihrer Bedeutung für den Vogelzug wurden bereits 1978 Teile der Niederung mit dem Gülper See als Feuchtgebiet von internationaler Bedeutung ausgewiesen.

Richtig viel los ist im Frühjahr und im Herbst, sowohl in der Luft als auch auf den Wiesen. Dann nämlich statten Gänse, Kraniche, Reiher, Schwäne und Watvögel der Unteren Havelniederung einen Besuch ab. Aber auch außerhalb der Zugvogelsaison lassen sich viele Vögel, darunter der seltene, farbenfrohe Eisvogel, der majestätische Seeadler und die selten gewordenen Schwarzstörche, beobachten. Im Sommer sorgen Pirol, Zaunkönig und Nachtigall für Musik in der Luft.

Wer es einrichten kann, sollte diese einzigartige Flusslandschaft ein paar Tage vom Wasser aus erkunden. Die Gülper Havel darf nur mit Elektrofahrzeugen oder mit Kanus bzw. Kajaks befahren werden – hier geht es also besonders ruhig zu.
www.naturerbe.nabu.de/naturparadiese/brandenburg/untere-havelniederung/index.html

ter Karl Friedrich Schinkel gebaut. Die klassizistische Saalkirche wurde 1825–1830 errichtet und erinnert ein wenig an einen antiken Tempel. Zahlreiche Kopfweiden und Schilf prägen das Gesicht des winzigen Dorfes, das zwischen Feldern und Weiden unweit der Havel liegt. Größere Überflutungen durch die Havel gab es hier 1908, 1945, 1950 und 1955.

Über Felder und entlang einer schönen Allee geht es auf dem straßenbegleitenden Radweg nach **Jederitz**. Auch dieser Ort ist slawischen Ursprungs, aber kein Rundlingsdorf. Wie viele andere slawische Orte brannte es aber auch mehrmals ab und wurde jedes Mal wiederaufgebaut. Der slawische Name bedeutet „Ort am See" und tatsächlich liegt Jederitz landschaftlich schön. Unweit des Ortes liegt das Naturschutzgebiet „Jederitzer Holz", eines der wenigen erhaltenen Auwälder Deutschlands. Hier findet man noch einen Bestand an altehrwürdigen Eichen. Immer geradeaus auf dem parallel zur Landstraße verlaufenden Radweg geht es an einem Beobachtungsturm vorbei. Er bietet nicht nur eine schöne Aussicht auf die Havel, sondern ist auch ein guter Standort, um im Herbst und Frühjahr die rastenden Kraniche zu beobachten.

Wir nähern uns der Stadt Havelberg und kommen zur Sandauer Brücke, die hinüber zur Altstadtinsel von **Havelberg** 52 führt. Die kleine, über 1000 Jahre alte Stadt hat eine bewegte Geschichte: Sie war von Anbeginn an Mitglied der Hanse; die Spuren der Vergangenheit sind überall zu sehen, wie ein Rundgang durch das mittelalterliche Zentrum auf der Stadtinsel zeigt. Hübsche Häuser an malerischen Gassen ducken sich unter dem Domberg.

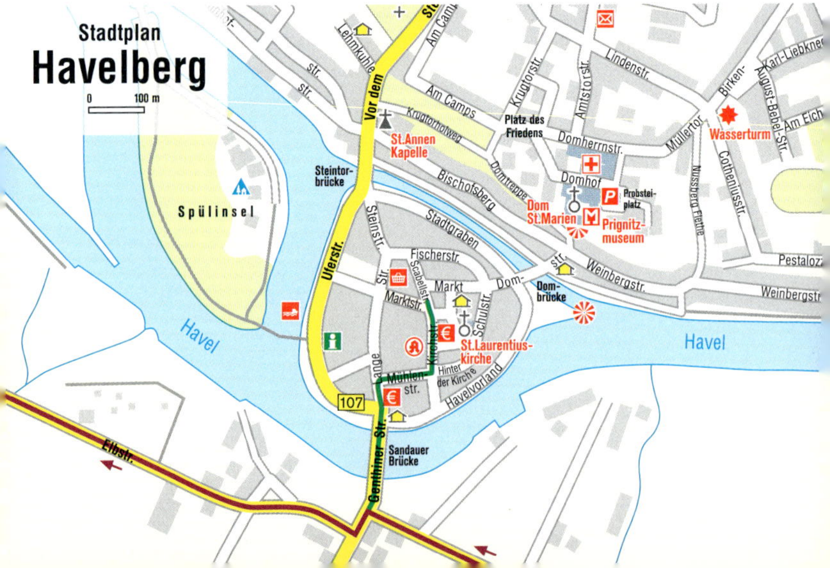

Hansestadt

Havelberg

Was für eine Lage!

Der wuchtige Backsteindom St. Marien wurde auf einer Endmoräne erbaut und überragt die Altstadthäuser weithin sichtbar. So klein die Hanse- und Domstadt auch ist, gibt es hier doch zwei Kirchen – auch die Hallenkirche St. Laurentius ist ein schönes Beispiel für die norddeutsche Backsteingotik. Der Reichtum, der vor allem in der Blütezeit Havelbergs vom Mittelalter bis zum 17. Jh. durch Fischerei und Schiffbau erwirtschaftet wurde, spiegelt sich in den Gebäuden rund um Marktplatz, im Rathaus und den gut erhaltenen Fachwerkhäusern.

Die Stadt selbst wurde (typisch für eine mittelalterliche Ostsiedlung) nach einem regelmäßigen Plan angelegt, der der Topografie der Havelinsel folgt. Auch der Salzmarkt, das Beguinenhaus und das ehemalige Synagogenhaus lohnen einen Besuch. Das **Prignitz-Museum** ist in einem Flügel des ehemaligen Prämonstratenser-Domstifts untergebracht, es zeigt in Dauerausstellungen die Geschichte der Stadt, der Region und des Doms.
www.havelberg.de

Zu den schönsten Aussichtspunkten der Stadt zählt die **Petroleuminsel,** die über eine Fußgängerbrücke mit der Altstadt verbunden ist.

Haus der Flüsse
Auf ihr befindet sich auch das Haus der Flüsse. Das Infozentrum des **Biosphärenreservates Mittelelbe** beschäftigt sich mit den Naturschätzen an Elbe und Havel, der Bedeutung für die Menschen und der natürlichen Dynamik von Flüssen, etwa dem Flusssystem Elbe-Havel.

www.haus-der-fluesse.de

Havelberg aus der Luft: Von rechts fließt die Havel um die Altstadtinsel herum, sie umfließt die Spülinsel und strömt dann Richtung Norden (Bildmitte). Von der Havel zweigt

der geradlinig verlaufende Elbe-Havel-Verbindungskanal ab, ihn überquert der Radweg an der Schleuse Havelberg und verläuft dann über die Insel zwischen Elbe und Havel.

Endspurt zur Havelmündung in die Elbe

Nach der Besichtigung der Altstadt geht es über die Sandauer Brücke zurück ans linke Havelufer und auf der Elbstraße nach Westen. Schon bald zweigt der Radweg nach Norden Richtung Schleuse Havelberg ab.

Wer Zeit hat, dem empfiehlt sich ein Abstecher auf die linke Elbseite, dort lohnt die romantische **Hansestadt Werben/Elbe** **53** (siehe Roadbook) einen Besuch. Werben wurde 1358 Mitglied der Hanse und blieb es bis 1488 – aus dieser Zeit stammt u. a. das Elbtor (mit Heimatmuseum). Wegen seiner strategischen Lage wurde es im Dreißigjährigen Krieg von den Schweden eingenommen, Schwedenkönig Gustav-Adolf ließ die Schwedenschanze errichten. So konnten die Schweden die Haveleinfahrt und die Elbe als wichtigste Transportader kontrollieren. Zu den Hauptsehenswürdigkeiten der Storchenstadt mit 20 nistenden Storchenpaaren zählt die mittelalterliche Pfarrkirche St. Johannis. An ein wichtiges Handelsgut erinnert die „Salzkirche“ (Kapelle St. Spiritus), die 1313 erbaut wurde: Die Kapelle wurde zum Teil als Salzlager verwendet.

Bei der **Schleuse Havelberg** wird der Elbe-Havel-Verbindungskanal überquert. Die 225 m lange und 20 m breite Schleuse wurde 1936 gebaut und verbindet die Havel mit der Elbe. Ein Plattenweg führt über die **Insel Mitteldeich** zur **Kolonie Neu-Werben**, eine Handvoll Häuser auf dem Deich. Nach der Brücke über den Havelkanal links und auf einer Insel zwischen Elbe und Havel (**Gnevsdorfer Vorfluter**) für 9 km auf dem Mitteldeich dem Vorfluter Richtung Elbe folgen. Nach Zweidrittel der Strecke passieren wir einen Vogelbeobachtungsturm. Beim Gnevsdorfer Wehr bleiben wir noch kurz auf der Insel und kommen zu einem Aussichtspunkt mit Rastplatz und schönem Blick auf die Elbwiesen und das Wehr. Zu Fuß oder schiebend ist es nur noch rund 300 m bis zur Mündung der Havel in die Elbe.

Zurück am Wehr queren wir den Gnevsdorfer Vorfluter – der Havelradweg ist nun offiziell zu Ende.

Prolog: Entlang der Elbe in die Lutherstadt Wittenberge

Wir folgen von Gnevsdorf dem Deich bis zur Abzweigung ins **Storchendorf Rühstädt** **54** (siehe Roadbook). Hier informiert das NABU-Besucherzentrum mit der Ausstellung „Weltenbummler Adebar“ über die Weißstörche, die in den Feuchtwiesen der Elbtalaue reichlich Nahrung finden. Auch auf frisch bearbeiteten Wiesen und Feldern lassen sie sich beobachten. Seinen Namen verdankt das Dorf der großen Zahl brütender Storchenpaare – insgesamt 30 finden alljährlich den Weg zu den Nestern auf den Hausdächern. Das im Rokokostil erbaute **Schloss** im Westen des Dorfes ist inzwischen ein Hotel. Die Dorfkirche, eine typische Backsteinkirche, wurde Mitte des 13. Jh. errichtet.

Gnevsdorfer Vorfluter

Blick Richtung Südosten: Die Havelmündung bei Gnevsdorf (unten)

Der Gnevsdorfer Vorfluter ist ein etwa 11 km langer Kanal zwischen Havel und Elbe. Der künstliche Havelabfluss wurde gebaut, um den Rückstaupunkt der Elbe flussabwärts zu verlegen. Der Grund dafür sind die unterschiedlich hohen Hochwasserstände der beiden Flüsse. Das Mittelwasser von Havel und Elbe ist annähernd gleich, die Pegeländerung zwischen Niedrig- und Hochwasser beträgt bei der Havel etwa 2 m, bei der Elbe jedoch etwa 6 m – der Wasserspiegel der Elbe kann also bis zu 4 m höher liegen als der der Havel. Ist das der Fall, kann das Wasser der Havel nicht in die Elbe abfließen und staut sich zurück.

Zwischen dem Vorfluter und der Elbe liegt eine knapp 11 km lange, weitgehend baumlose Insel; zur Elbe hin wurden zahlreiche Buhnen gebaut.

Die Havel östlich von Havelberg kurz vor dem Zufluss in die Elbe

Amphibische Landschaft

am Zusammenfluss von Havel und Elbe

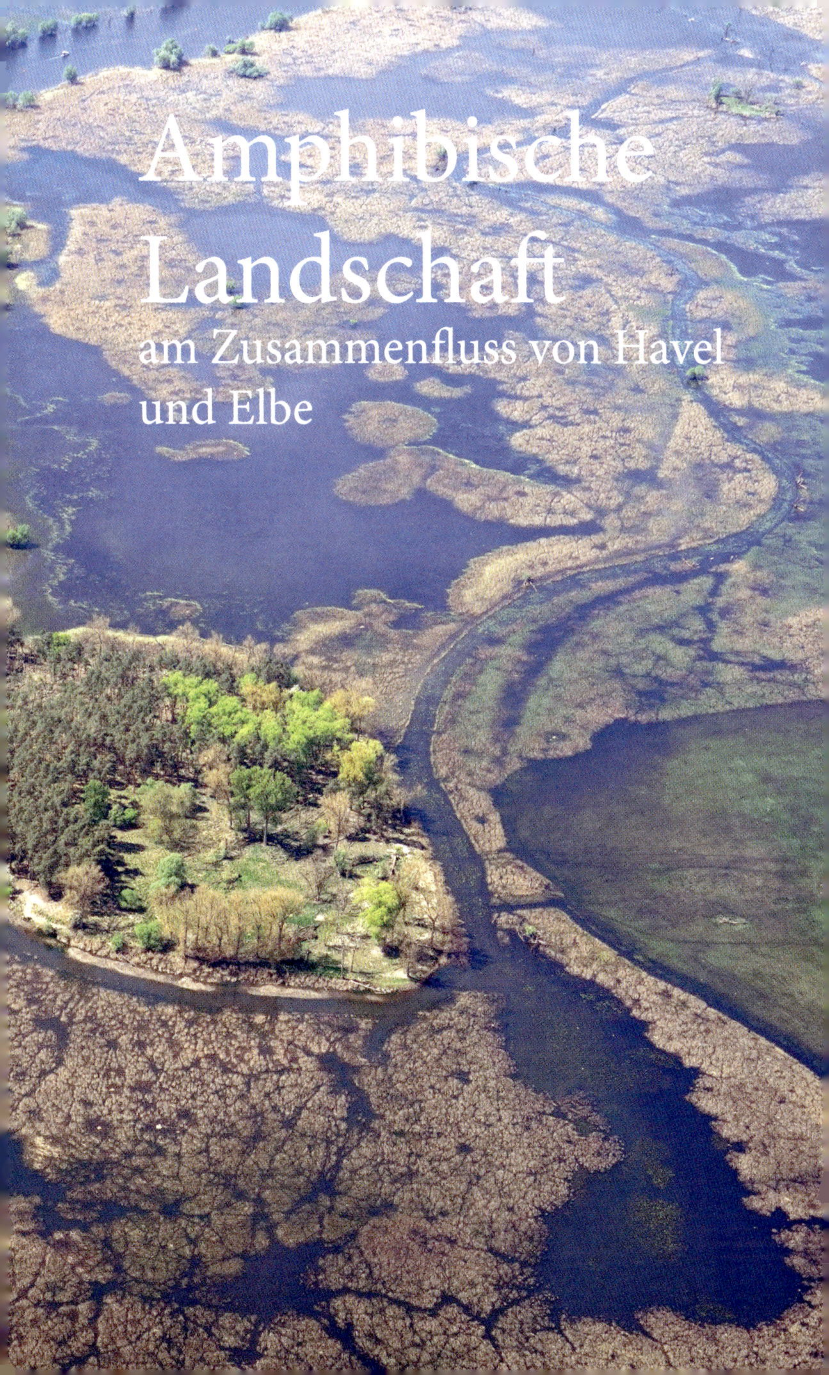

Für die letzten 10 km bleiben wir auf dem Elberadweg und fahren noch an einer **Aussichtsplattform** südlich von **Bälow** vorbei. Für Hobbyornithologen bietet die Beobachtungskanzel am **Hinzdorfer Wehr** eine gute Möglichkeit, Wasservögel zu beobachten.

Entlang des rechten Elbufers geht es auf dem Elbdamm nach **Hinzdorf.** Zwischen Hinzdorf und Garsedow fällt der Blick auf uralte Kopfweiden, die in der Niederung stehen. Bei **Schadebeuster** besteht die Möglichkeit, durch das Naturschutzgebiet Deichvorland bis ans Elbufer zu spazieren und einen Blick auf den hier breiten Strom zu werfen.

Auffallend sind die **Buhnen**, die paarweise auf beiden Seiten des Flusses gebaut wurden. Insgesamt existieren entlang der deutschen Elbe etwa 6.900 Buhnen, die der Erhaltung der Schifffahrt auf diesem Strom dienen. Durch die Buhnenpaare wird die Querschnittsfläche des Flussbettes künstlich verkleinert, was eine höhere Flussgeschwindigkeit und damit eine verstärkte Erosion zur Folge hat. Diese führt zu einer natürlichen Vertiefung des Flussbettes.

Und schon bald zeigt die Eisenbahnbrücke bei **Wittenberge** an, dass sich das Ende der Reise nähert. Nach der Überquerung der Stepenitz, einem Nebenfluss der Elbe, ist es nicht mehr weit zum Bahnhof von **Wittenberge**. Bei der Anfahrt fallen die Türme der Stadtsilhouette auf – jeder hat eine andere Form. Während der Steintorturm (1300) von Zinnen gekrönt wird, reckt sich der Turm der evangelischen Kirche bleistiftförmig in den Himmel. Helmförmig ist die Kuppel des Rathausturmes, markant der Wasserturm, am berühmtesten jedoch der Uhrenturm der einstigen Nähmaschinenfabrik Singer mit der größten Turmuhr Europas.

Die Reise entlang der Havel ist zu Ende – ereignisreiche Tage liegen hinter Ihnen, im Gepäck viele Eindrücke einer faszinierenden Flusslandschaft und unzähliger Dörfer und Städte mit langer Geschichte und großem kulturellem Erbe.

„Die Welt ist ein Buch.
Wer nie reist, sieht nur eine Seite davon."

Aurelius Augustinus

Essen, Trinken & Durchatmen

Ein kulinarischer Abzweig

Das Restaurantschiff **Klapperstorch** hat Tische im Schiff und auf dem Oberdeck stehen. Gekocht werden regionale Gerichte mit Spezialitäten der Havel. So findet man auf der Speisekarte Havelfischgerichte und saisonale Köstlichkeiten. Am Nachmittag gibt es zudem eine wechselnde Auswahl an frisch gebackenem Kuchen.

Restaurantschiff Klapperstorch
Am Hafen 1
14715 Schollene-Molkenberg
Tel. +49 36259 56 30
www.havellandurlaub.de

Das Restaurant **Fischerstube** bietet seit 30 Jahren seinen Gästen ein große Auswahl an regionalen Fischspezialitäten, die täglich frisch zubereitet werden. Auf der Karte finden sich heimische Fische wie Hecht, Zander, Aal, Wels und Flussbarsch. Diese werden täglich frisch im Gülper See sowie aus der Havel und der Elbe gefangen.

Fischerstube Warnau
Havelweg 7
39539 Havelberg/Warnau
Tel. +49 39382 73 77
www.fischerstube-warnau.de

Der Havel-Radweg

Von Waren (Müritz) nach Gnevsdorf

Teil 2 Roadbook

Waren
Havelquelle
N
Wesenberg
Dannenwalde
Wittenberge
Gnevsdorf
Oranienburg
Schollene
Berlin
Havelsee-
Pritzerbe
Brandenburg
Potsdam

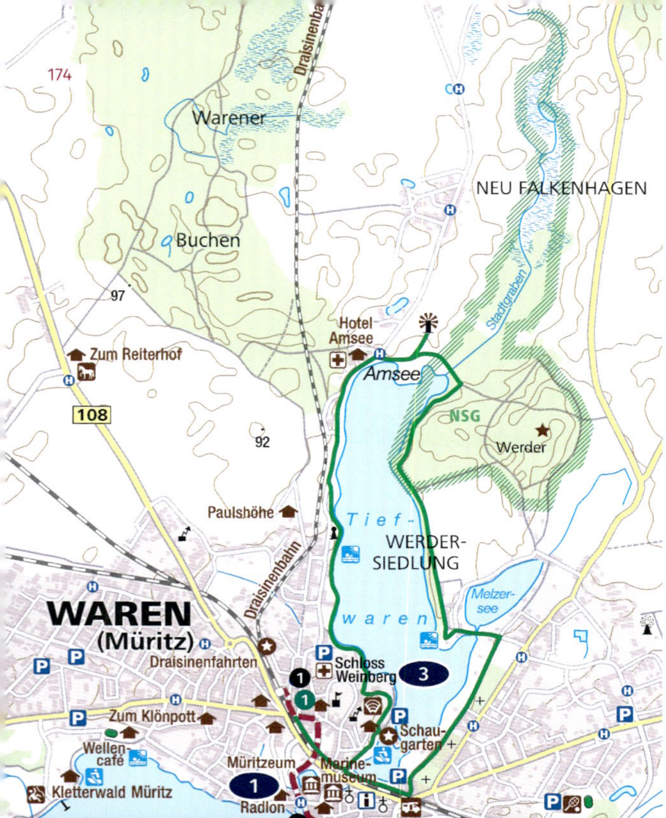

Auftakt: Zur Havelquelle (~32 km)

❶ **Start** am **Bahnhof Waren (Müritz)**, den Ausgang in Richtung *Beethovenstraße* nehmen → rechts, dann links in die *Beethovenstraße* → rechts in die *Malchinerstraße*, weiter im Bogen in die *Bahnhofstraße*

① der *Bahnhofstraße* entlang der Schienen folgen, unter der Herrenseebrücke hindurch un dann weiter auf der Straße *Am Tiefenwarensee* bis zum Parkplatz am **Tiefenwarensee**

auf der *Bahnhofstraße* zum Kreisverkehr → rechts in die Straße *Herrenseebrücke*, die Schienen queren, am nächsten Kreisverkehr → links in die Straße *Zur Steinmole*. An der Kreuzung → links in die *Kietzstraße* zum **Müritzeum** und in die **Altstadt von Waren.**

❷ Die *Kietzstraße* queren, weiter geradeaus auf der *Strandstraße* zum **Stadthafen**. Am Ende des Hafenbeckens den Markierungen des Radwegs (*Müritzstraße*, dann *Am Seeufer*) folgen, eine Landbrücke zwischen Binnenmüritz und Feisnecksee queren, am Eingang zum Müritz-Nationalpark vorbei. Auf der *Specker Straße* zum Ortsende und weiter auf einer Fahrradstraße. Beim Hin-

Draisinenfahrten
Schloss Weinberg
Zum Klönpott
Schau-garten
Wellen-café
Müritzeum
Marine-museum
Segel- u. Surfschule
Radlon
Kletterwald Müritz
WAREN (Müritz)
Goldene Kugel
St. Marien
Kiebitzberg
72
PAPENBERG
Binnenmüritz
Wopacksee
Feisneck-
Burgwall-insel
Hotel Nationalpark
Hotel "Ecktannen"
CampingPlatz Ecktannen
Warener
79
Stadtforst
Wald-schänke
Kessel-moor
Tannen
Rehberg
77
Wien-pietsch-seen
see
Nationalpark
Müritz
Moorsee
Holz
Godow
Kargow
Nationalpark-Kremser
80
PAPENBERG
Kirchtannen
Hof-see
Solarpark
83
Kargow-Unte
Warener
Stadtforst
Krummer
See
Wakuhl-see
84
Nationalpark-Info
Adlerinformationspunkt
Hofsee
Am Dammfeld
Altes Gutshaus
Damerow
Nationalpark-Info
Federow

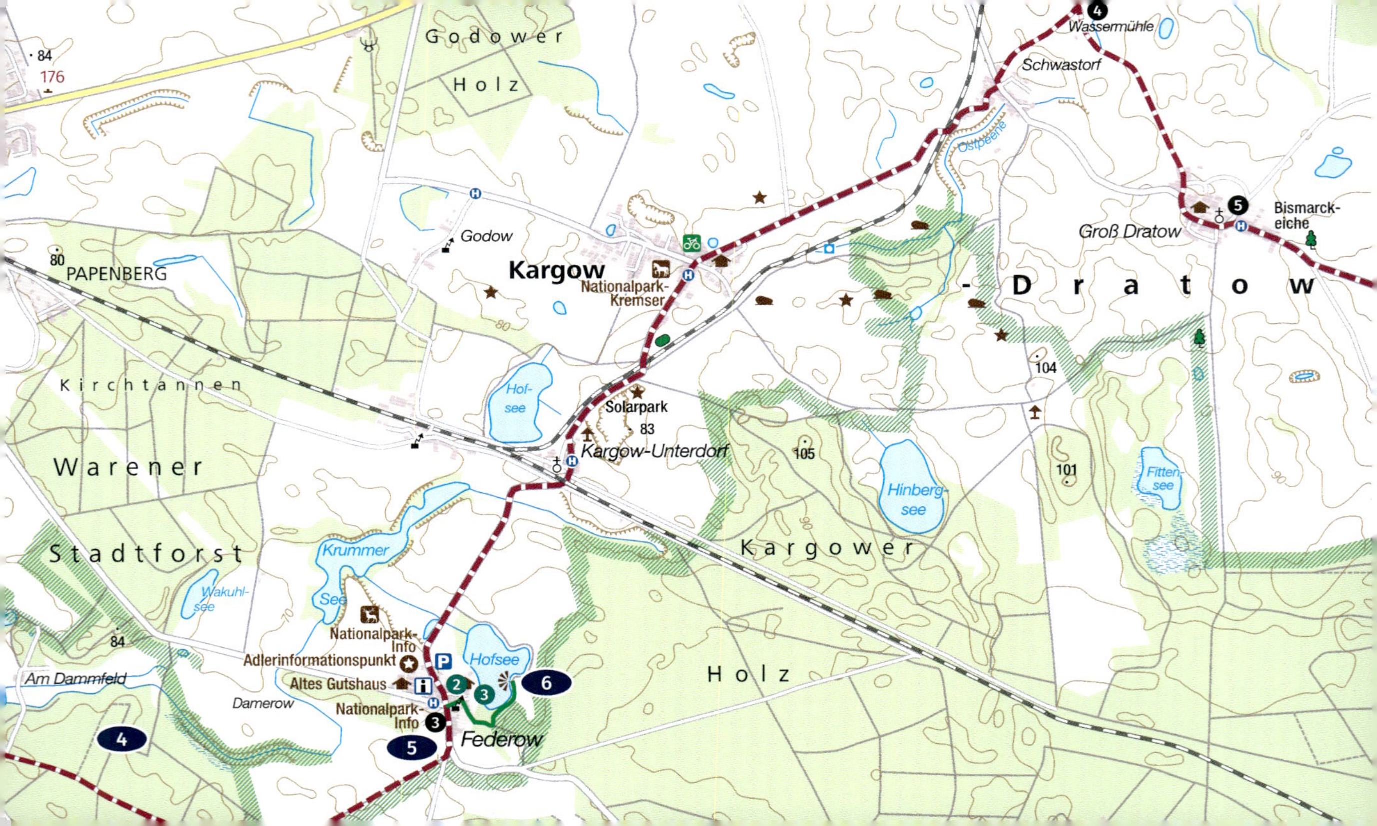
Godower
Holz
84
176
80
PAPENBERG
Godow
Kargow
Nationalpark-
Kremser
Kirchtannen
Hof-
see
Solarpark
83
Kargow-Unterdorf
Warener
Stadtforst
Krummer
See
Wakuhl-
see
84
Nationalpark-
Info
Adlerinformationspunkt
Altes Gutshaus
Am Dammfeld
Damerow
Nationalpark-
Info
Hofsee
Federow
Holz
Kargower
105
Hinberg-
see
101
Fitten-
see
104
-Dratow
Groß Dratow
Bismarck-
eiche
Schwastorf
Wassermühle
Ostpeene
90
80
70

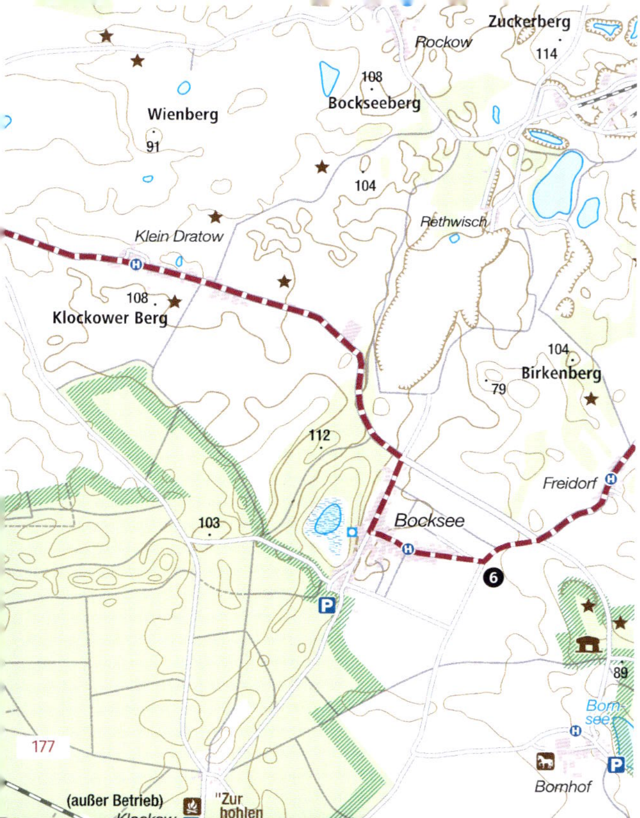

weisschild Federow → halblinks halten, leicht wellig durch den Wald. Kurz vor Ende des Waldes → links nach **Federow** auf der *Schwarzenhofer Straße* zur Kreuzung *Damerower Straße* (rechts steht die Hörspielkirche).

2 → links in die *Damerower Straße* zur **Nationalpark-information Müritz**, zurück zur Kreuzung, geradeaus in die Straße *An der Brennerei*, vor dem Gutshaus

3 →rechts auf einem Feldweg zum **Beobachtungsstand Hofsee.**

3 An der Kreuzung geradeaus auf der Kargower Straße den Ort verlassen, die Bahngleise queren und weiter nach **Kargow**. Geradeaus auf dem *Schwasdorfer Weg* in Richtung Schwasdorf, wellig durch Felder nach **Schwasdorf**

4 an der Vorfahrtsstraße → links und nach wenigen Metern → rechts Richtung Groß Dratow. Weiter auf einem Plattenweg, nach 700 m eine scharfe Rechtskurve, dann knapp 2 km bis **Groß Dratow**.

5 Nach der Kirche → rechts den Hinweisschildern nach Ankershagen folgen. Nach kleineren Steigungen und Abfahrten durch **Klein Dratow**, weiter nach **Bocksee** → am Ortseingang rechts in die *Rethwischer Straße* → links in die *Ankershagener Straße*

❻ am Ende von **Bocksee** → halblinks und über **Freidorf** nach **Wendorf**. An der Vorfahrtsstraße (*Friedrichsfelder Straße*) → rechts

❹ nach 600 m am Ortsende → links zum **Gutshaus Rumpshagen**

am Abzweig nach Rumpshagen 2,4 km weiter bis **Friedrichsfelde** und **Ankershagen**.

❼ → rechts in die *Mühlenstraße* und den Schildern zur Havelquelle folgen. Nach ungefähr 2 km auf ansteigender Straße → rechts, über den Parkplatz und auf unbefestigtem Weg zur **Havelquelle.**

Havelradweg

❽ Mit der **Havelquelle** im Rücken auf einem Sandweg einige Hundert Meter bis zum Parkplatz und zur Straße → rechts nach **Pieversdorf**, nach dem Friedhof (rechter Hand) → rechts gemäß Beschilderung anfangs kräftig bergauf, danach flott bergab bis fast nach **Kratzeburg** (Spurplattenstraße), am Ortseingang im Rechtsbogen, dann geradeaus durch den Ort, am Ortsausgang weiter der Vorfahrtsstraße folgen, unter der Bahnbrücke durch zum Campingplatz und Kanuverleih in **Dalmsdorf.** Auf asphaltiertem Radweg neben der Kopfsteinpflasterstraße durch Felder nach **Granzin**.

5 → links am Havelkrug Granzin vorbei nach Granzin, an der Weggabelung → links, nach der Dorfkirche → links und durch den Wald bis zu einer T-Kreuzung

6 → rechts und an einer T-Kreuzung → links und durch den Wald bis zur nächsten T-Kreuzung

7 → rechts und → rechts zum **Aussichtsturm Käflingsberg**

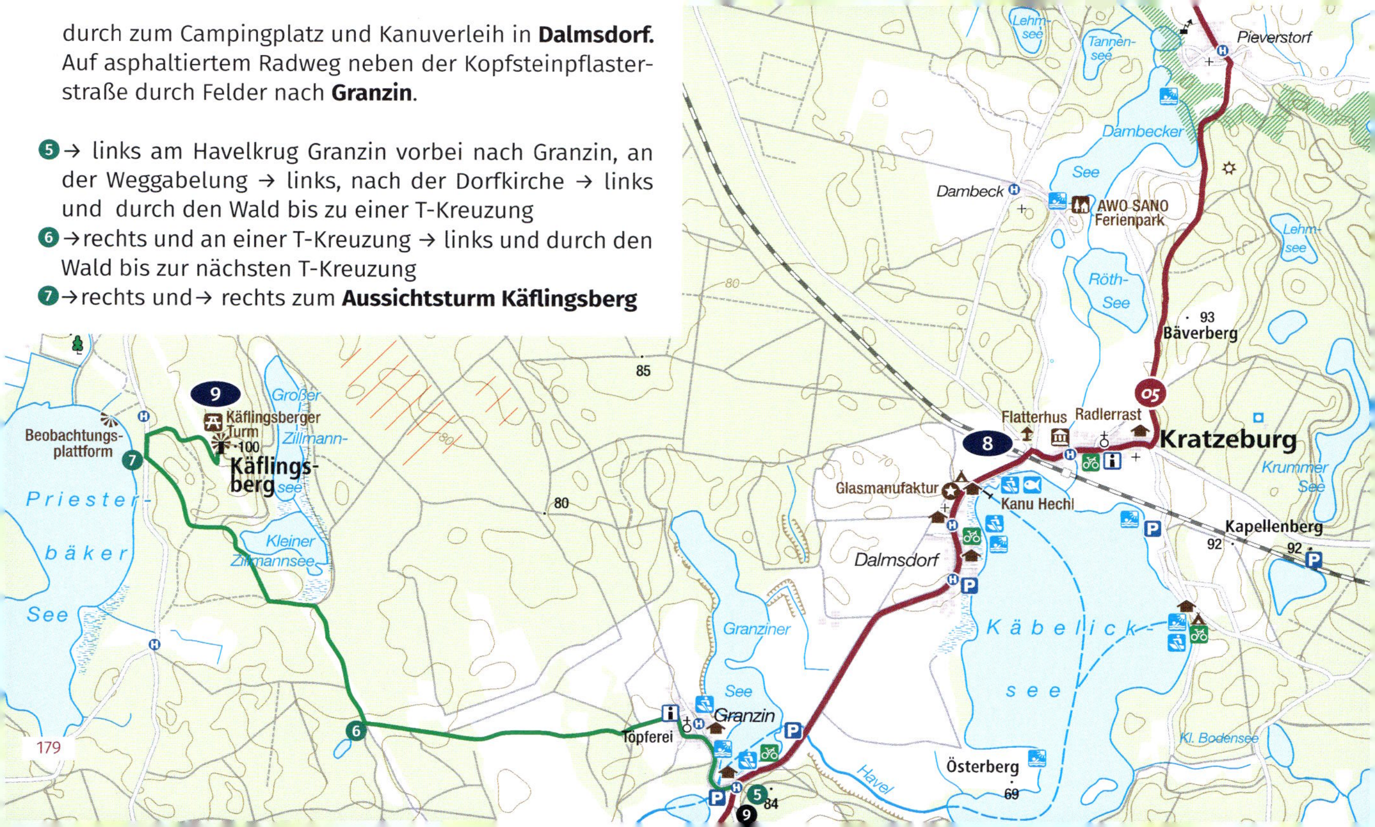

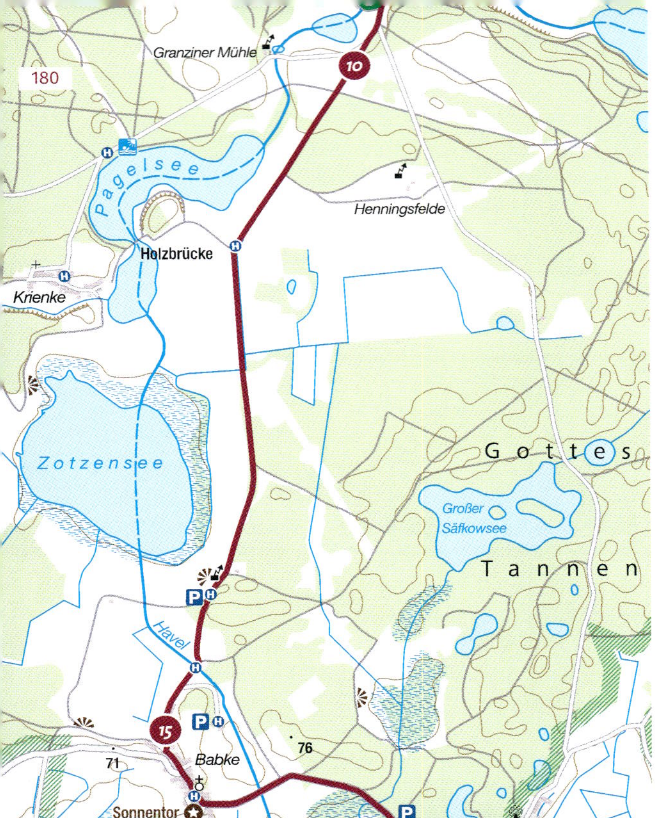

9 Nach einer ganz kurzen Kopfsteinpflasterpassage am Ortsausgang → links Richtung Babke, kurz darauf wieder → halblinks in einen Plattenweg zum Parkplatz am Südende des Zotzensees (rechts auf einem Plattenweg zu einem **Aussichtspunkt** über den See). Vom Parkplatz 1,5 km bis **Babke**, durch den Ort und → links auf der *K25* die Havel queren und weiter nach Blankenförde.

10 Am Ortseingang von **Blankenförde** → scharf rechts, auf der Vorfahrtsstraße durch den Ort und auf der *K25* bis zur T-Kreuzung → links in die *L25* Richtung Userin, auf dem straßenbegleitenden Radweg bergauf, bergab durch Wald. Kurz vor Zwenzow endet der Radweg links, die Straße überqueren und danach auf der Straße bis **Zwenzow.** Auf einem Radweg durch den Ort und geradeaus weiter nach **Useriner Mühle**.

11 Hinter Useriner Mühle → rechts auf *K21* Richtung Wesenberg. Nach 1 km die Kreisstraße verlassen → geradeaus in Richtung Groß Quassow bis zu den Schienen und dem **Bahnhof.**

8 → links nach Groß Quassow und Lindenberg → rechts zum **Slawendorf Neustrelitz**

Jäthen-see
Schulzenwerder
Buchenberg
75
78
Hexenwäldchen
Jamelsee
Kakeldütt
Havel
Görtow-see
Roter See
76
Ziegen-Winkel
Zierzsee
Krummer See
Förden
Rohr-see
Useriner See
Bauernberg
86
Userin
Bütowberg
88
Röth-see
Hohenlanke
Aboretum Lindenberg
Lindenberg
Vorderster Kalkofen
Kammerkanal
81
Glockenberg
79
Groß Quassower Teerofen
Groß Quassow
Useriner Mühle
Zwenzow
Schleuse Zwenzow
Zwenzower Tannen
Bullowsee
Felschen-see
Zwenzower Wolfsfang
Großer Labussee
Buchenhorst
Gr. Quassow
Havel
Klein Quassow
Camping-u. Ferienpark
Wald-Hochseilgarten
Woblitzsee

❾ weiter auf dem *Franzosensteg* zur *Useriner Straße* → links und am Schlossgarten vorbei zum Kreisverkehr, geradeaus weiter auf der Seestraße zum Marktplatz von **Neustrelitz**

⓬ Am **Bahnhof** die Schienen queren → rechts dem Radweg entlang der Gleise folgen. Dann kräftig bergauf und anschließend bergab zum Ufer des Woblitzsees. Am Seeufer entlang zum Ende des Radweges an einer T-Kreuzung (rechts Bahnübergang) → links auf die *Lindenstraße* bis zur Einmündung in die *Bahnhofstraße* (rechts geht es zum **Bahnhof Wesenberg**)

⓫ → links auf der *Mittelstraße* zum Markt von **Wesenberg**.

Start

❶ **Start** an der Kreuzung *Lindenstraße/Bahnhofstraße* → links in die *Bahnhofstraße* → rechts in die Straße *Am Wendischen Tor*, nach rund 300 m → rechts in die *Mirower Chaussee* bis zur *B198 (Wustrower Chaussee)*, an der Ampel die Straße queren → rechts auf der *B198* Richtung Wustrow, nach dem Friedhof → links in den *Drosedower Weg*, dann auf der *K21* durch den Wald, nach etwa 5 km in **Drosedow** an der Kirche vorbei und auf der Vorfahrtsstraße den Ort verlassen, weiter auf der *K21* bis **Seewalde**.

❷ Am Ortseingang an der T-Kreuzung → rechts und auf der *K21* Richtung Wustrow bis zur Einmündung in die *B122* → rechts auf die *B122*, bei den Bushaltestellen → links auf unbefestigtem Waldweg für 500 m zu einer Wegkreuzung (Wegweiser) → links in die *Alte Poststraße* und um das Nordufer des **Trünnensees** herum, dann links zu einer T-Kreuzung → links und → rechts und am Nordufer des **Buchsees** entlang, danach kurz steil bergauf auf einer asphaltierten Straße → links Richtung Norden, nach 600 m → hinter den ersten Häusern rechts in die *Strasener Chauseee* auf einem straßenbegleitenden Radweg nach **Strasen**.

❸ Im Ort geradeaus auf der *Pelzkuhler Straße* zur Kanalbrücke, nach der Brücke → links in Richtung Großmenow fahren, am Ortsende → rechts über die Felder zum Campingplatz am Ellbogensee und weiter nach **Großmenow.**

❹ Im Ort an der Kreuzung → rechts, gleich darauf geht es kräftig bergauf, danach folgt eine Abfahrt. Nach der Badestelle am Menowsee erreicht man **Steinförde**. Am Gasthaus Haveleck in **Steinförde** → links in die Straße *Steinerne Fürth* und die Obere Havel/Steinhavel queren. In einem Rechtsbogen nach **Steinhavelmühle** und weiter auf einem straßenbegleitenden Radweg (*Kiefernweg*)

Neu Canow
86
Klenzsee
Ferienzentrum am Plätlinsee
Plätlinsee
50
80
Priepert
Kl. See
Canower
Heide
Trünnensee
Buchsee
91
Warberg
91
Buchseeberg
72
3
Strasen
Ellbogen-
see
Forsthof Strasen
Pälitzhof
70
Kleiner Pälitzsee
Heidberg
75
75
80
Lindenhof
85
Fleether Brück
93
Pfadfinder-lager
Torfsee
55
4
Großmenow
Naturcamping am Ellenbogensee
Höckenwerder
Pelzkuhl
Forsthaus Pelzkuhl
GROSSZERLANG
72
Großer Pälitzsee
Kolonie Großzerlang
Gr. Boberowsee
97
Taterberg
Kleiner Glietzensee
Pelz-
räumde
Kl. Boberowsee
Großer
Schönhorn
Glietzensee
Fünfstern
Großzerlanger
Heide
Adamswalde
Wüste Mark Hohen Pälitz
Teufels-

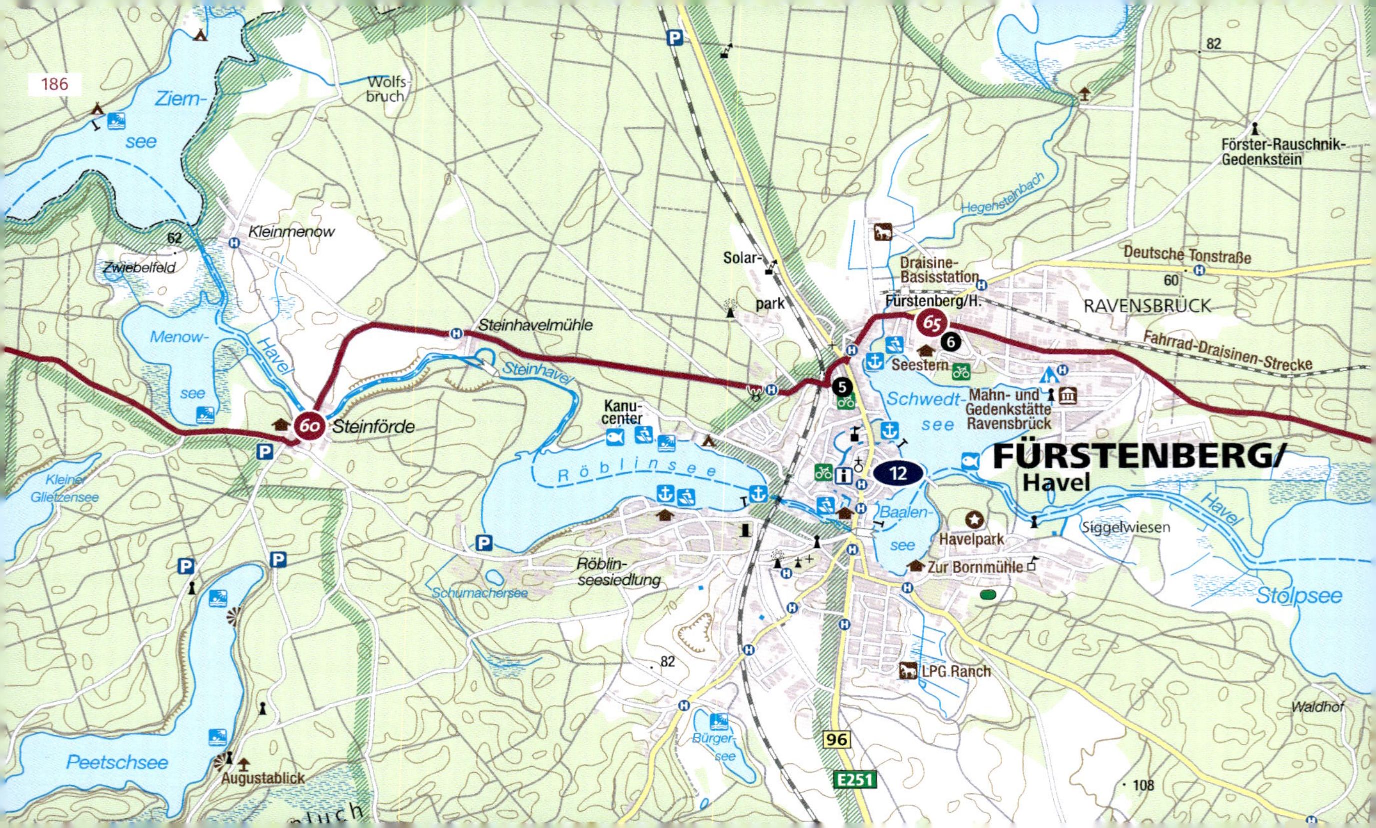
FÜRSTENBERG/
Havel
RAVENSBRÜCK
Fahrrad-Draisinen-Strecke
Deutsche Tonstraße
60
Förster-Rauschnik-
Gedenkstein
82
Hegensteinbach
Draisine-
Basisstation
Fürstenberg/H.
65
6
5
12
Seestern
Mahn- und
Gedenkstätte
Ravensbrück
Schwedt-
see
Baalen-
see
Havelpark
Zur Bornmühle
Siggelwiesen
Havel
Stolpsee
LPG Ranch
Waldhof
108
96
E251
Bürger-
see
82
Solar-
park
Kanu-
center
Röblinsee
Röblin-
seesiedlung
Schumachersee
Steinhavelmühle
Steinhavel
Steinförde
60
Havel
Menow-
see
Kleinmenow
Zwiebelfeld
62
Ziem-
see
Wolfs-
bruch
Kleiner
Glietzensee
Peetschsee
Augustablick

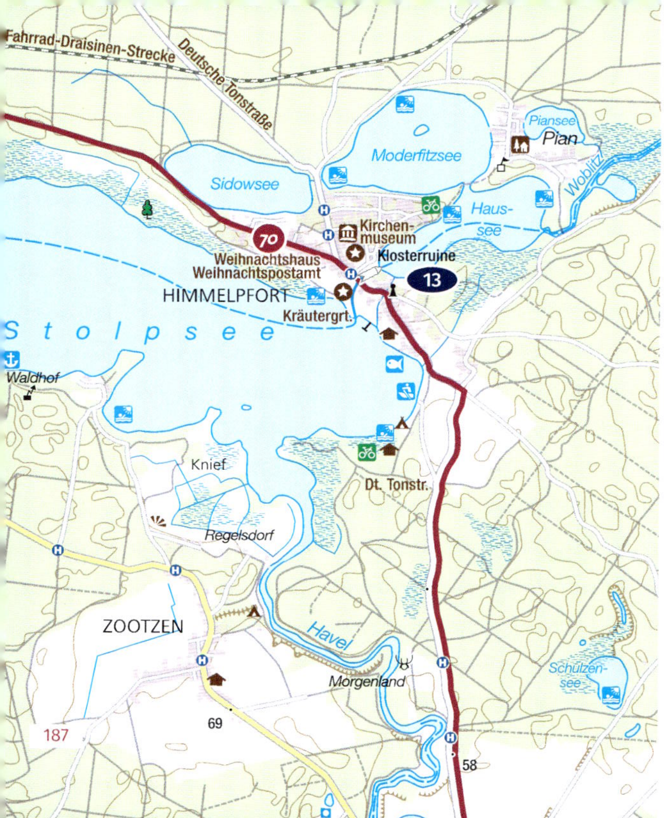

nach **Fürstenberg/Havel**, unter den Bahngleisen hindurch zu einer T-Kreuzung

→rechts auf der *Luisenstraße* zum Bahnhof, die *Bahnhofstraße* leitet ins Stadtzentrum von **Fürstenberg/ Havel.**

❺→ links in die *Gelderner Straße* bis zur *B96* vorfahren, geradeaus weiter auf der *Ravensbrücker Dorfstraße* in Richtung Ravensbrück und Himmelpfort. Nach dem Panzer der Roten Armee an der nächsten Gabelung → links in die *Himmelpforter Landstraße*

→rechts führt die *Straße der Nationen* zur **Mahn- und Gedenkstätte Ravensbrück.**

❻Weiter auf der *Himmelpforter Landstraße*, ab dem Ortsende von Ravensbrück auf einer Fahrradstraße durch Wald bis **Himmelpfort**, im Ort weiter auf der *Fürstenberger Straße* → rechts auf der *Klosterstraße* an der Klosterruine vorbei zur Brücke. Über die Brücke, geradeaus über die nächste Brücke (Mühlenfließ), danach → rechts auf die *Stolpseestraße*, dem Verlauf der Straße auf dem straßenbegleitenden Radweg durch den Wald bis **Bredereiche** folgen.

Sperrgebiet munitionsverseucht
Kalitzer Heide
Gramzower Forst
Gramzow
Vorheide
Kreuzkrug
Schwedenberg
Wüstung Pozern
Sand
BREDEREICHE
Havel
Fünfruten
Grenzbek
Hist. Gutshof
Boltenhof
Feuermörserseen
Bladersee
Qualzow
Lindenallee
BARSDORF
BLUMENOW

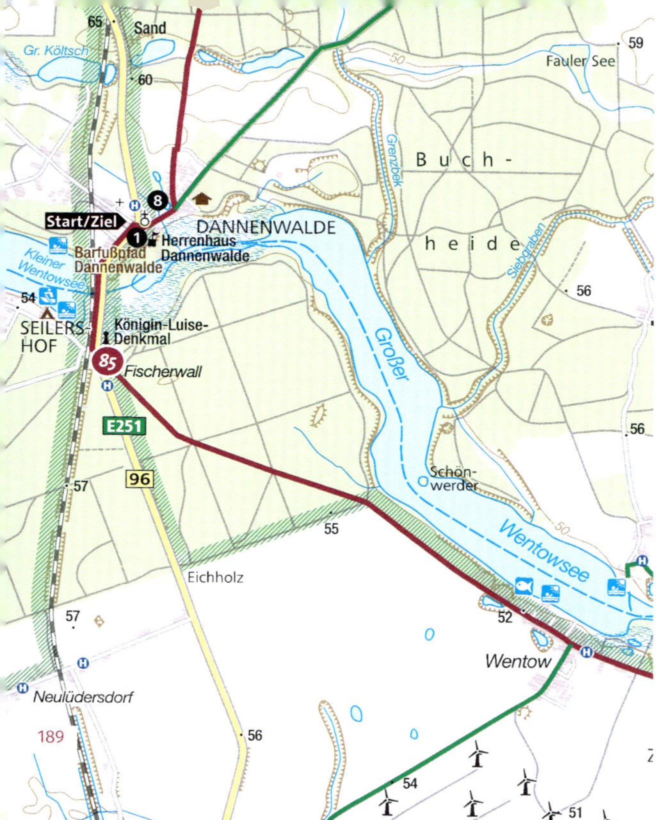

7 In **Bredereiche** der *Dorfstraße* folgen, nach der Kirche der rechts abknickenden Hauptstraße folgen (*Schleusenstraße*). Über die Schleusenbrücke → danach halblinks, bei den letzten Häusern die *Blumenower Straße* kreuzen.

1 → links in die *Blumenower Straße*, nach 600 m vor dem Wald → links am Waldrand, dann im Rechtsbogen durch den Wald, weiter geradeaus und nach einem Rechtsbogen → rechts zum **Gut Boltenhagen**

2 von der Bushaltestelle den Ort nach Südwesten auf der *Lindenallee* verlassen und der Straße bis zur Einmündung in die *L214* folgen

3 → links in die *L214*, ab dem Ortseingang auf der *Bredereicher Straße* zur Ortsmitte von **Blumenow**

4 noch vor der Kirche → rechts in die *Dannenwalder Straße*, im Verlauf dann *Blumenower Straße* zur Kirche in **Dannenwalde**

8 Weiter rund 7 km auf der Fahrradstraße bis **Dannenwalde**. Nach dem Ortsschild noch einige Hundert Meter weiter, an der nächsten Kreuzung → rechts in die *Blumenower Straße* bis zur **B96/ZIEL.**

Die *Lindenallee* führt zum **Bahnhof Dannenwalde.**

Sand
Gr. Költsch
190
Start/Ziel
DANNENWALDE
Herrenhaus Dannenwalde
Barfußpfad Dannenwalde
Kleiner Wentowsee
SEILERSHOF
Königin-Luise-Denkmal
Fischerwall
E251
96
Buch-
heide
Grenzbek
Siebgraben
Fauler See
Deutsche Tonstraße
Neutornow
Krummlych
Blätterlych
Schinderkuhle
Hellpfuhl
Neubau
Laak-wiese
Großer
Wentow
Schön-werder
Ringsleben
Eichholz
Wentow
Neulüdersdorf
ZABELSDORF
Feldstein-kirche
Tierheim
TORNOW
Ökowerk Schl. Tornow
Mühle Tornow
Grube Trottheide
Raatz
MARIEN-THAL
Wentowkanal
Grube Burgwall
BURGWALL
Iserkuhlstich
Fauler See
Feldbah

Start

❶ **Start** in **Dannenwalde** an der Kreuzung *Blumenower Straße/Fürstenberger Straße*. Die *B96* überqueren → links und auf den Radweg. Nach der Brücke über das Tornowfließ bei den Häusern von **Fischerwall** die *B96* queren, im spitzen Winkel nach → links und der Fahrradstraße in den Wald folgen, danach weiter bis **Wentow**

1. In **Wentow** → rechts Richtung **Altlüdersdorf**, im Ort → rechts auf den *Ribbecker Weg* bis zur *B96*, diese queren (geradeaus weiter erreicht man die Dorfkirche)
2. → links der *B96* dem Radweg nach **Gransee** folgen
3. bei der Picknickbank geradeaus weiter und in einem Rechtsbogen zum Südufer des **Geronsees**, an einer Weggabelung → links dem *Seeweg* folgen
4. an der Weggabelung (*Straße der Jugend*) geradeaus, dann → rechts und durch die Stadtmauer zur *Hirtenstraße*
5. → rechts der *Hirtenstraße* zur Klosterruine folgen → links in die *Schulstraße* zur Stadtkirche im Zentrum von **Gransee**

❷ Auf der *Zabelsdorfer Straße*, dann *Wentower Straße* nach **Zabelsdorf**. Am Kreisverkehr → links, rechts, links auf

der *Dorfstraße* zum Ortsende und auf dem Radweg nach **Marienthal**. Auf der *Marienthaler Straße* den Ort durchqueren → rechts in die *Burgwaller Straße*.

6 auf der *Marienthaler Dorfstraße* geradeaus über den Wentowkanal und dem Straßenverlauf zur **Mühle Tornow** folgen

7 ab der Mühle Tornow der *Neuen Straße/Blumenower Straße* im Linksbogen folgen

8 → links in die *Ringsleber Straße* (später *Seestraße*) bis zur T-Kreuzung → rechts zur **Floßvermietung Rentafloss**

3 Noch vor der Havelbrücke die Hauptstraße verlassen → rechts in die *Marienthaler Straße*, die Gleise queren und auf der Fahrradstraße durch die Tonstichlandschaft. Beim Teich geradeaus weiter auf der Straße *Ziegelei* bis zum Eingang zum **Ziegeleipark Mildenberg**.

4 Vom Eingang kurz geradeaus zu einer T-Kreuzung → rechts und auf einer Fahrradstraße weiter auf einer schmalen Landbrücke zwischen Tonstichen hindurch.

5 Bei der nächsten Siedlung an der Kreuzung → links und auf asphaltierter Fahrradstraße über eine kleine Brücke und weiter, bis sich der Weg den Gleisen nähert. Nun knapp 2 km parallel zu den Schienen, unterwegs diese

überqueren. An der Vorfahrtsstraße (geradeaus geht es zum **Bahnhof Zehdenick**)

6 → links in die *Bahnhofstraße* (Radweg) und Richtung Stadtzentrum fahren. Auf der *Bahnhofstraße* bis zur *Berliner Straße* → links in die *Berliner Straße* zum **Marktplatz von Zehdenick**.

7 Weiter in nördlicher Richtung auf der *Berliner Straße* bis zur Zugbrücke

8 → vor der Brücke rechts zum Havelufer und diesem folgen. Nach dem Sportplatz → rechts (*Verlängerte Klosterstraße*), an der nächsten Kreuzung → links und am **Kloster Zehdenick** vorbei zur Hauptstraße (*Clara-Zetkin-Straße*). Die Straße queren und weiter auf dem straßen-

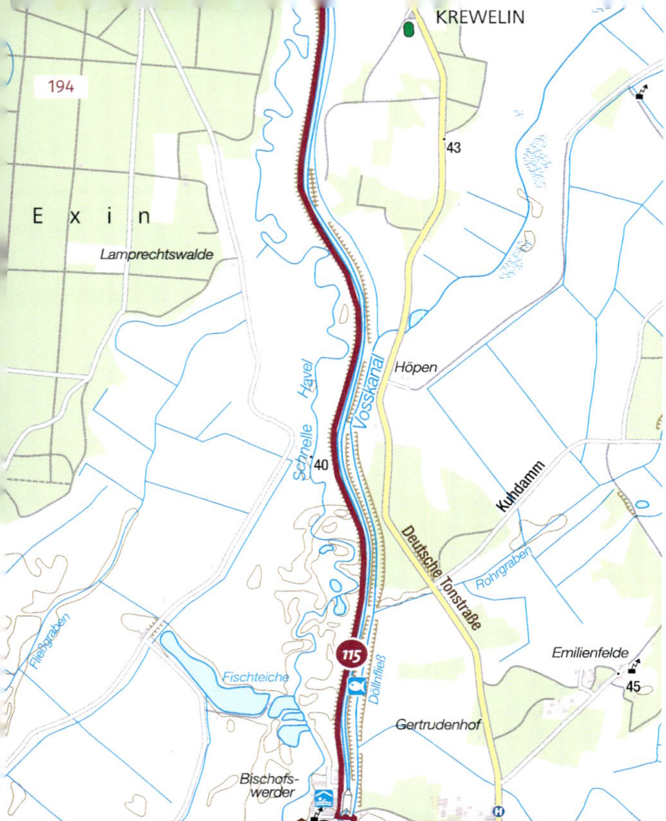

begleitenden Radweg, nach der Rechtskurve geradeaus auf der *Parkstraße*. Nach wenigen Hundert Metern vor einem roten Haus → links in eine kleine Straße (*Freiarche*), auf einer Brücke über die Havel, danach

❾ → rechts und für ca. 10 km auf der Fahrradstraße direkt am Vosskanal entlang, an der nächsten Brücke (nach Krewelin) weiter geradeaus, erst kurz vor Bischofswerder endet die Fahrradstraße.

❿ In **Bischofswerder** bei der Schleuse den Kanal queren → gleich rechts und auf dem *Bischofswerder Weg* weg vom Kanal, am Waldrand entlang. Durch den Ort *Heidchen*, nach einer Linkskurve auf der *Rudolf-Breitscheid-Straße* zur *B109*. Diese queren, nach links in die *Ernst-Thälmann-Straße (B167)*, an der Kirche und dem Rathaus von **Liebenwalde** vorbei zur Ampelkreuzung.

⓫ → rechts auf die *Berliner Straße* Richtung Oranienburg zur Brücke über den **Finowkanal**, weiter auf der *Berliner Straße* zum Ortsende. Kurz vor **Kreuzbruch** den **Oder-Havel-Kanal** queren. Nach der Brücke → links in eine Fahrradstraße. 5 km auf der *Bernöwer Straße* durch den Wald bis **Bernöwe**

⓬ den Ort durchfahren. Nach den letzten Häusern → rechts auf eine Fahrradstraße und 5 km durch Wald bis zu einer T-Kreuzung

LIEBENWALDE
167
120
125
130
11
12
Heidchen
Jauche
Wutzsee
47
Beverin-
see
Mühlensee
Museum
im Stadtgefängnis
42
Vosskanal
Malzer Kanal
Sandberge
Rehhorst
Deutsche Tonstraße
Oder-Havel-Kanal
KREUZBRUCH
39
Thüren
38
Kreuzthal
Wittenberg
Stüpnitz-
gestell
Lenzenbuder Weg
Bismark
Stallwiesen-
gestell
41
Gestell
Havel
Schweizerhütte
Bernöwe
Havel-Kanal
Bismarck-
Kirchen-
gestell
Alter
Havel-
Hauptgraben
Telefon-

⓭→ links in den *Mälzerweg*, im Wald

⓮→ rechts in den Waldweg *Schwarzer Weg* und vor zur *B273/Bernauer Straße*, diese queren und

⓯→ rechts zur **Havelbrücke,** die Havel queren

⓰→ links in die Parkanlagen und geradeaus auf dem Uferweg am **Lehnitzsee** entlang zum Strandbad, an diesem vorbei. Nach dem Yachthafen mündet der Radweg halbrechts in die *Mainzer Straße* ein

⓱ dieser bis zur T-Kreuzung folgen → links in die *Heidelberger Straße* und dieser in einem Bogen zur *André-Pican-Straße* und zum

⓲ **Erlebnisbad T.U.R.M. Erlebnis City/ZIEL.**

Geradeaus auf der *Dr.-Heinrich-Byk-Straße* zum **Bahnhof Oranienburg.**

Wer nicht mit dem Rad durch Berlin fahren möchte, kann hier in die S-Bahn steigen und nach Wannsee fahren.

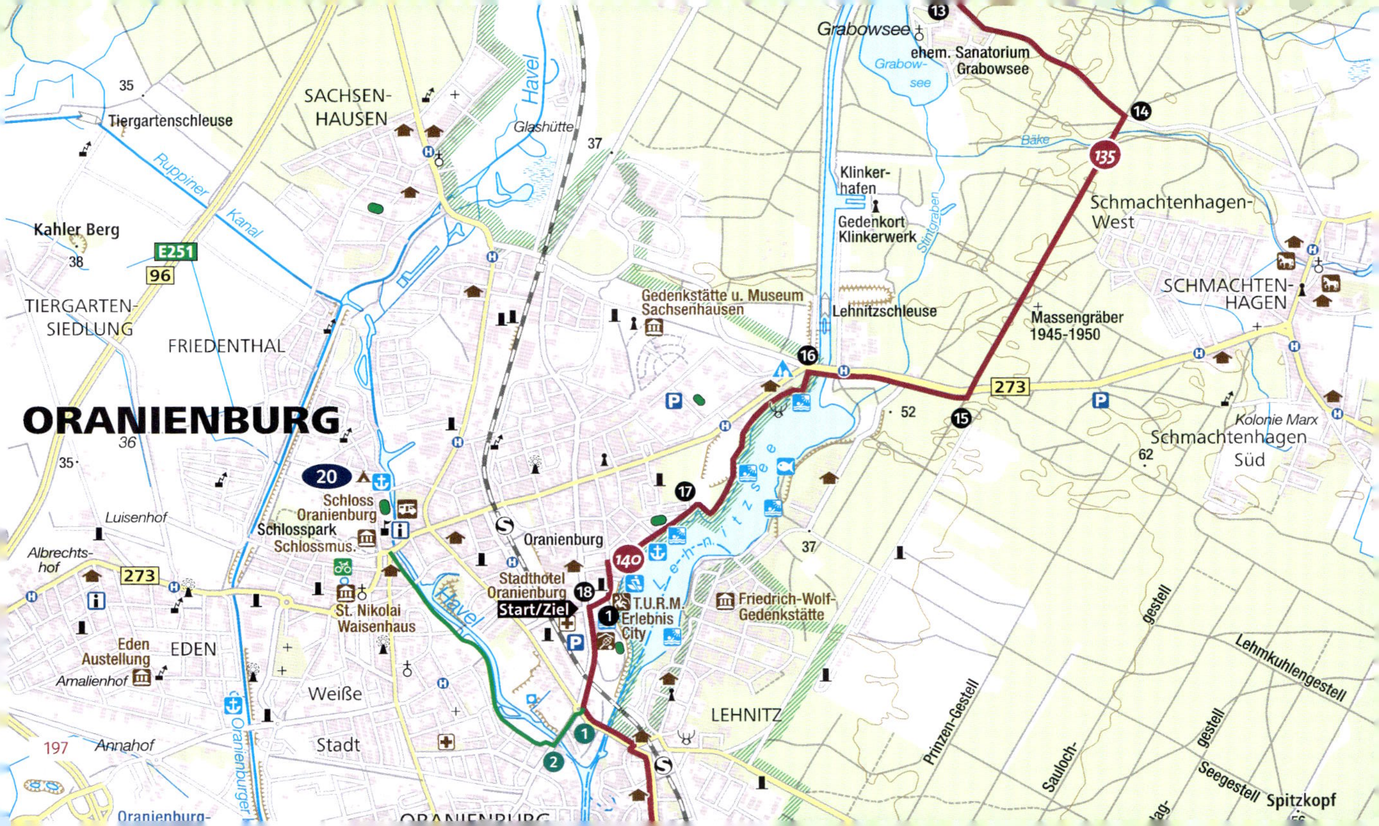
ORANIENBURG
Grabowsee
ehem. Sanatorium Grabowsee
Grabow-see
Tiergartenschleuse
SACHSEN-HAUSEN
Havel
Glashütte
Ruppiner Kanal
Kahler Berg
E251
96
TIERGARTEN-SIEDLUNG
FRIEDENTHAL
Klinker-hafen
Gedenkort Klinkerwerk
Stintgraben
Bäke
Schmachtenhagen-West
SCHMACHTEN-HAGEN
Gedenkstätte u. Museum Sachsenhausen
Lehnitzschleuse
Massengräber 1945-1950
273
Kolonie Marx
Schmachtenhagen Süd
Schloss Oranienburg
Schlosspark
Schlossmus.
Luisenhof
Albrechts-hof
Oranienburg
Stadthotel Oranienburg
Start/Ziel
T.U.R.M. Erlebnis City
Friedrich-Wolf-Gedenkstätte
Lehnitzsee
St. Nikolai
Waisenhaus
Eden Austellung
EDEN
Amalienhof
Weiße
Stadt
LEHNITZ
Annahof
Oranienburger
Oranienburg-
Prinzen-Gestell
Sauloch-
gestell
Lehmkuhlengestell
Seegestell
Spitzkopf

Start

❶ **Start** am **Erlebnisbad T.U.R.M. ErlebnisCity** → links auf der André-Pican-Straße Richtung Süden, unter der Bahnbrücke hindurch, an der Ampelkreuzung → halblinks in die Lehnitzstraße.

① Geradeaus über die Kreuzung und weiter auf der Saarlandstraße über die Havel.

② Am Ende der Brücke → rechts die Straße verlassen und auf dem Rad- und Fußweg entlang der Havel. Der Havelpromenade bis zum Schloßplatz und zum **Schloss Oranienburg** folgen.

Die Havel queren und geradeaus zum **S-Bahnhof Lehnitz.** Auf dem Radweg neben dem *Birkenwerderweg* (Kreisstraße) zum Ortsende. Nach etwa 3 km durch Kiefernwald nach einer Rechtskurve (Fußballplatz) eine stark befahrene Straße queren.

❷ → links in die *Bahnhofstraße* zum **S-Bahnhof Borgsdorf**. Am Bahnhof die Gleise queren und weiter geradeaus auf der *Friedensallee.* Am Ortsende an der Gabelung rechts halten und auf dem Radweg der größeren Straße nach **Briese** fahren, wo der Radweg endet. Auf der Straße durch den Ort und bei **Gaststätte Briesekrug** →

rechts abbiegen und der *Fichteallee* bis zur Autobahn folgen, über die Autobahn und weiter auf der *Fichteallee*. Bei den ersten Häusern → rechts auf der *Friedensallee* zur Bahnunterführung

❸ nach der Bahnunterführung (rechts geht es zum Boddensee) → links in die *Brieseallee*, im Rechtsbogen geradeaus in den *Akazienweg* und parallel zu den Gleisen, geradeaus weiter auf der Straße *An der Bahn* bis zum **Bahnhof Birkenwerder.**

❹ → rechts in die *Clara-Zetkin-Straße* und vor bis zur Ampel an der Hauptstraße *(B96)* → am Knotenpunkt 91 vorbei, geradeaus weiter und auf einer Brücke über die Briese. Bei der Feuerwehr an der Fußgängerampel die Straße queren und noch vor der Kirche → links ab, bei der folgenden Gabelung → links in die Hauptstraße und weiter auf der Spielstraße (*Fontaneweg*) durch die Wohnsiedlung. Nach der Kastanie, die mitten auf der Straße steht, an der nächsten T-Kreuzung (Knotenpunkt 90)

❺ → rechts in den *Fontaneweg*, gleich darauf → links in die *Humboldtallee*. Nach dem Überqueren der Briese rechts in die *Nürnberger Straße*, dann *Paradiesgarten* → links in die *Havelstraße*.

❻ → rechts in den *Saumweg*, die Fahrradstraße führt zum Knotenpunkt 80 → rechts in die *Goethestraße* → links in die *Schillerpromenade* am Ortsrand der Siedlung

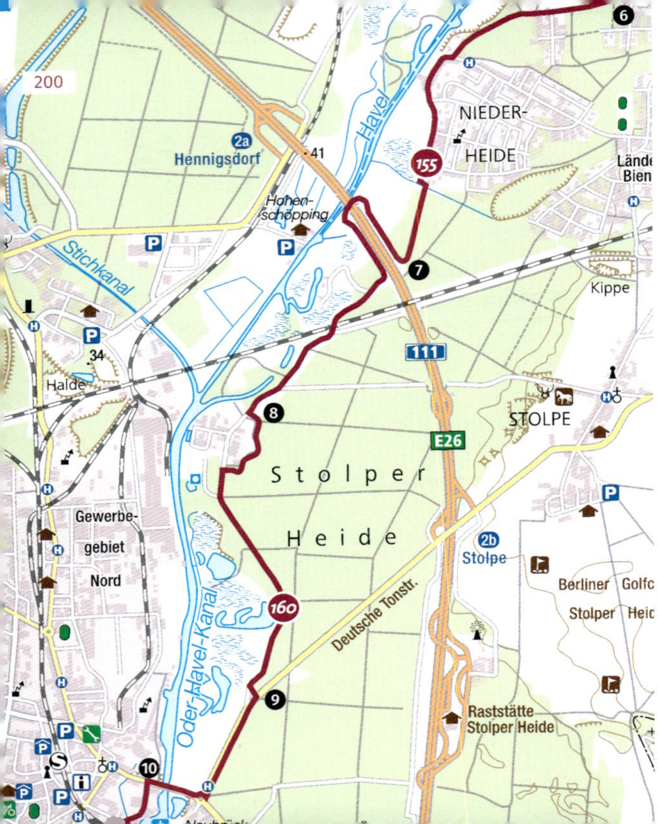

Niederheide auf dem *Schwarzen Weg* entlang zur Autobahn.

❼→ rechts ein Stück an dieser entlang bis zur Unterführung, danach weiter wieder links entlang der Autobahn den Weg zurück und in einem Rechtsbogen auf dem *Schwarzen Weg* zur Bahnunterführung zum **Wasserwerk Stolpe.**

❽Kurz vor dem Wasserwerk auf den schwer zu erkennenden Abzweig nach links, um das Wasserwerk herum, dann weiter auf dem Schwarzen Weg bis kurz vor der *L171*

❾→ links auf einen unbefestigten Weg in den Wald, die *L171* überqueren → rechts auf dem Radweg in Richtung Hennigsdorf fahren, am Kreisverkehr (Knotenpunkt 14) → rechts in die *Ruppiner Straße* Richtung Zentrum, über die Oder-Havel-Wasserstraße und weiter auf der *Ruppiner Straße.*

Auf der *Ruppiner Straße* geradeaus ins **Zentrum** und zum **Bahnhof von Henningsdorf.**

❿→links in die *Hafenstraße* (Knotenpunkt 13) einbiegen, durch eine Kleingartensiedlung zum Stadthafen, nach

dem Überqueren eines kleinen Kanals → links in eine Spielstraße (Knotenpunkt 15) einbiegen

Geradeaus auf der Hafenstraße geht es ins **Zentrum von Henningsdorf**

⓫ Der *Uferpromenade* und dem Berliner Mauerweg folgen, unter der S-Bahnbrücke hindurch und um den Bombardier-Hafen herum, die Havel immer zur Linken.

⓬ → die *Uferpromenade* macht einen scharfen Rechtsknick weg vom Fluss, an der Querstraße → links zur *Spandauer Allee* → links auf den Radweg und auf dem straßenbegleitenden Radweg die Havel queren. Nach einer kurzen Abfahrt auf Höhe des Badestellen-Parkplatzes → links auf die geschotterte *Uferpromenade* und an **Nieder Neuendorf** vorbei zum ehemaligen **Grenzturm**. Wenige Hundert Meter nach dem Grenzturm ist die *Uferpromenade* wieder asphaltiert. An der Siedlung Papenberg vorbei durch den Wald zu den **Laubenkolonien Erlengrund und Fichtewiese.**

⓭ Ab dem **Jagdhaus Spandau** nicht mehr dem Berliner Mauerweg folgen, sondern → rechts um das Jagdhaus herum → links in einen Privatweg, den Campingplatz passieren

→ an der folgenden Weggabelung links zum Wasser und auf zwei Brücken über den Teufelsseekanal und den Aalemannkanal (Radlerbrücke), danach → links halten und weiter am Ufer der Havel entlang, im Rechtsbogen den Schildern folgend zum *Elkartweg*

14 → links in den *Elkartweg* und seinem Verlauf durch eine Kleingartenkolonie bis zur *Werderstraße* folgen → rechts bis zur Kreuzung → links in die *Goltzstraße* bis zur *Rauchstraße* (links Parkplätze) → links und an der ersten Kreuzung →

15 → rechts in die *Bamihlstraße*. Nach 400 m links (ausgeschildert) in eine Grünanlage und gleich wieder → rechts, beim Stichkanal → rechts bis fast zur *Streitstraße*, um die Spitze des Kanals herum → links in die Straße *Havelschanze* bis zum Ufer → rechts kurz am Wasser entlang, dann → rechts in die *Schützenstraße*.

16 Auf der *Schützenstraße* bis vor zur *Neuendorfer Straße*, *auf* dieser bis zum Kreisverkehr,

17 die *Neuendorfer Straße* an der Ampel queren und → rechts in die Straße *Am Juliusturm*

1 rechts auf dem Radweg neben der Straße *Am Juliusturm* zur **Juliusbrücke**, dann → links über zwei Brücken zur **Zitadelle Spandau**

18 → rechts die Straße *Am Juliusturm* queren, geradeaus in die *Breite Straße* fahren

Die Breite Straße führt zum Markt von **Spandau.**

→ links in die *Hertefeldstraße* → rechts in die Straße *Lindenufer,* der Havel folgen, den *Mühlengraben* queren, unter der Bahnbrücke und der folgenden Straßenbrücke hindurch, nach den Häusern an der *Hermann-Oxfort-Promenade* bei der Grünanlge Bullengraben beim Spielplatz

19 → rechts in die Straße *Ziegelhof* → links in die *Straßburger Straße*, nach der Kreuzung geradeaus weiter der *Krowelstraße* folgen

20 leicht versetzt geradeaus weiter in die *Götelstraße*, im Rechtsbogen der *Götelstraße* geradeaus ein kurzes Stück durch den Park (Wegweiser Richtung Kladow), dann weiter auf dem *Tharsanderweg*, der zur *Pichelsdorfer Straße* führt

21 → links der *Pichelsdorfer Straße* folgen, die *B2/Heerstraße* an der Ampel überqueren, geradeaus in die Straße *Alt-Pichelsdorf* → rechts in die *Bocksfeldstraße*, dann am Ende der Straße beim Bootshafen → links und zur Uferpromenade *Scharfe Lanke*.

22 → rechts an der *Strandpromenade* entlang, → links in die Straße *Scharfe Lanke* und dieser bis zum Ende fol-

gen, weiter geradeaus auf der *Dr.-Kleusberg-Promenade* durch den Wald, um eine Wochenendsiedlung herum, weiter durch den Park

㉓ vor der Mauer → links in die Straße *Am Ortsrand* → links in den *Rothenbücherweg* → rechts in den *Bardeyweg* → links in den *Pfirsichweg* → links auf den Radweg der *Gatower Straße*, später *Alt-Gatow* (rechts führt die *Plievierstraße* zur Dorfkirche von Gatow), weiter auf dem *Kladower Damm.*

㉔ Nach der Bushaltestelle „Am Graben“ und der Brücke → links abbiegen, bergab zur Havel → rechts. Auf dem großteils unbefestigten Uferweg an Badestellen und einem Campingplatz weiter in und durch den **Gutspark Neukladow.** Am Ende des Parks durch das Tor in der Mauer → rechts, dann → links in die *Imchenallee*, vorbei am Sportboothafen und zur **Promenade von Kladow**.

㉕ Hier befindet sich die **Anlegestelle der BVG-Fähr**e nach Wannsee.

❷ Geradeaus weiter auf der *Imchenallee* → links in den *Sacrower Kirchweg* →links in die *Kladower Straße*, am Ortsende von **Sacrow** geradeaus weiter auf der *Krampnitzer Straße*

❸ → rechts in die *Fährstraße* (danach gleich → rechts zum **Schloss Sacrow**), geradeaus weiter

4 im spitzen Winkel nach rechts zur **Heilandskirche**
5 → rechts zur
6 **Anlegestelle Krughorn (Wassertaxi).**

26 In **Wannsee** am **Fähranleger Wannsee – Kladow** → rechts bis zur ersten Anlegestelle (Brücke) → links vor zum *Kronprinzessinnenweg* → rechts auf dem Radweg zur *Königstraße/B1* → rechts und über die Brücke zwischen den Seen, auf dem straßenbegleitenden Radweg der *Königstraße* leicht bergauf. Nach einer Abfahrt
27 → rechts in die *Pfaueninselchaussee* einbiegen (für Autoverkehr gesperrt), bergauf, bergab durch dichten Wald zum Havelufer mit dem Wirtshaus und dem Fähranleger zur **Pfaueninsel**.
28 Hinter dem Wirtshaus → links und auf dem Uferweg zum **Abzweig** zur **Kirche St. Peter und Paul** und dem **Blockhaus Nikolskoe**

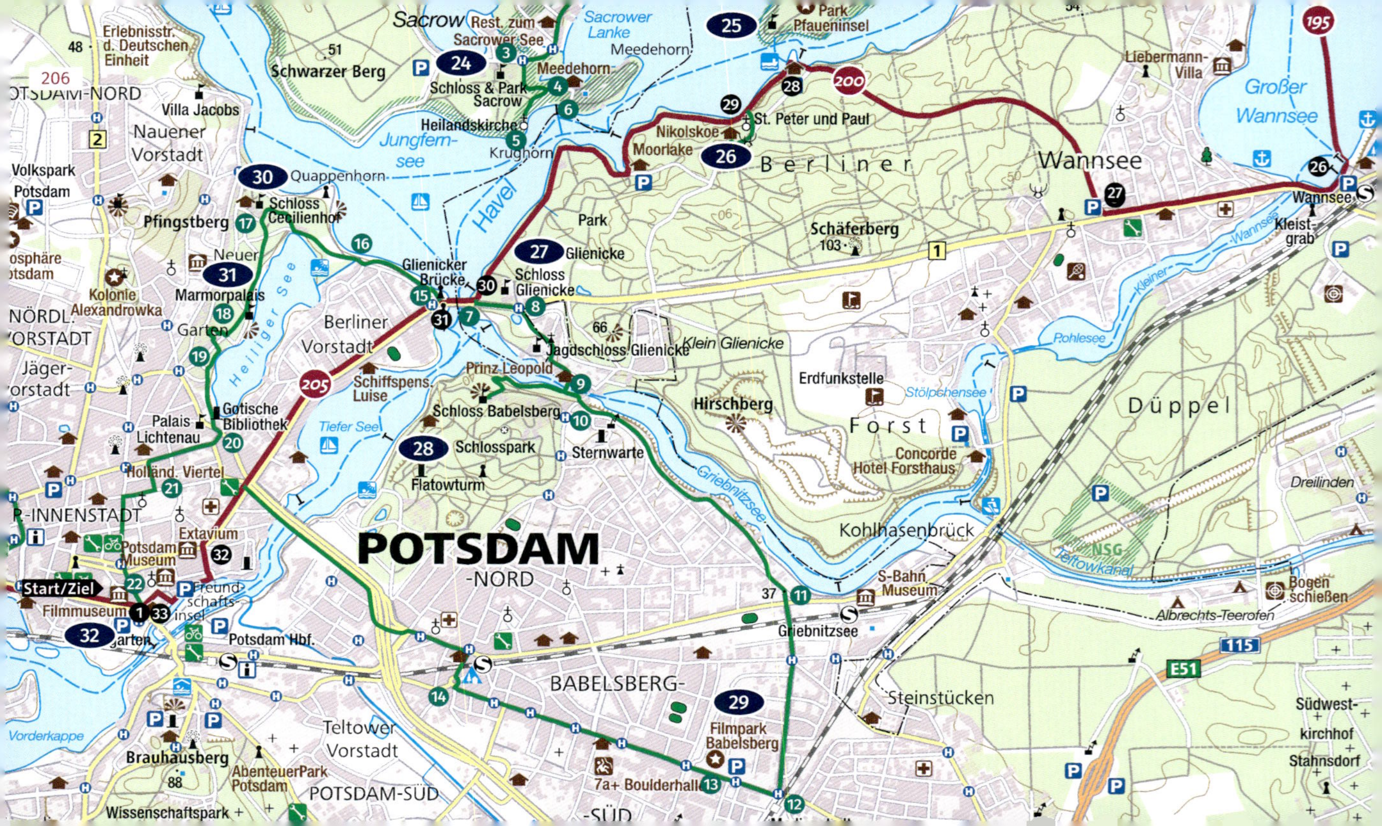
Sacrow
Rest. zum Sacrower See
Sacrower Lanke
Meedehorn
Park Pfaueninsel
Erlebnisstr. d. Deutschen Einheit
Schwarzer Berg
Meedehorn
Schloss & Park Sacrow
Heilandskirche
Krughorn
Jungfern-see
POTSDAM-NORD
Villa Jacobs
Nauener Vorstadt
Volkspark Potsdam
Biosphäre Potsdam
Quappenhorn
Schloss Cecilienhof
Pfingstberg
Neuer Garten
Marmorpalais
Kolonie Alexandrowka
NÖRDL. VORSTADT
Jäger-vorstadt
Heiliger See
Havel
Park Glienicke
Glienicker Brücke
Schloss Glienicke
Berliner Vorstadt
Schiffspens. Luise
Gotische Bibliothek
Palais Lichtenau
Holländ. Viertel
INNENSTADT
Extavium
Potsdam Museum
Start/Ziel
Filmmuseum
Freundschafts-insel
Garten
Potsdam Hbf.
Tiefer See
Prinz Leopold
Schloss Babelsberg
Schlosspark
Flatowturm
Sternwarte
Jagdschloss Glienicke
Klein Glienicke
Nikolskoe
St. Peter und Paul
Moorlake
Berliner Forst
Schäferberg
Wannsee
Liebermann-Villa
Großer Wannsee
Kleist-grab
Kleiner Wannsee
Pohlesee
Stölpchensee
Erdfunkstelle
Hirschberg
Concorde Hotel Forsthaus
Düppel
Griebnitzsee
Kohlhasenbrück
S-Bahn Museum
Teltowkanal
NSG
Dreilinden
Bogen schießen
Albrechts-Teerofen
POTSDAM -NORD
BABELSBERG-SÜD
Filmpark Babelsberg
7a+ Boulderhalle
Steinstücken
Südwest-kirchhof Stahnsdorf
Teltower Vorstadt
POTSDAM-SÜD
AbenteuerPark Potsdam
Brauhausberg
Wissenschaftspark
Vorderkappe

(29) Geradeaus weiter zum **Wirtshaus Moorlake** und im Rechtsbogen um die Bucht herum und am Casino Glienicke vorbei zur **Großen Neugierde** im **Glienicker Schloss**.

(7) → links den Wegweisern des **Berliner Mauerwegs** folgen (links geht es zum **Schloss Glienicke**) → rechts über die *Königstraße/B1* und den Wegweisern zum Jagdschloss Glienicke folgen (*Mövenstraße*)

(8) → links in die *Waldmüllerstraße* →rechts in die *Lankestraße*, über die Parkbrücke Klein Glienicke

(9) → an der Weggabelung rechts zum **Dampfmaschinenhaus**, an der nächsten Weggabelung → links vor zum Hauptweg → rechts zum **Schloss Babelsberg**. Zurück zur Weggabelung (9) → rechts auf dem **Mauerweg** (*Allee nach Glienicke*) bis zum Pförtnerhaus

(10) → links in die *Karl-Marx-Straße* und dieser bis zum *Hiroshima-Nagasaki-Platz* folgen

(11) → rechts in die *August-Bebel-Straße*, Bahnunterführung und weiter geradeaus bis zur Kreuzung *Großbeerenstraße*

(12) → rechts auf der *Großbeerenstraße* bis zur *Marlene-Dietrich-Allee* → rechts zum **Eingang Filmpark Babelsberg**

(13) weiter auf der *Großbeerenstraße* bis zum Kreisverkehr

(14) → rechts in die *Karl-Liebknecht-Straße* → links in die *Rudolf-Breitscheid-Straße*, auf dem Radweg über die Havel zur *Berliner Straße* (Havel-Radweg).

(30) An der **Großen Neugierde** → rechts über die **Glienicker Brücke** zu den Kolonnaden

(15) Nach den Kolonnaden gleich rechts ab in den Park und am Ufer entlang bis zur **Schwanenbrücke Potsdam**

(16) danach geradeaus, nach einem Gebäude → rechts zum **Schloss Cecilienhof**

(17) Vom Schloss zurück zur ersten Weggabelung → rechts am Roten Haus vorbei zum **Marmorpalais**

(18) Auf dem Weg *Im Neuen Garten* zum **Holländischen Etablissement** (→ rechts im Bogen zur **Orangerie**)

(19) → rechts zurück zum Ufer des Heiligen Sees und dem Uferweg zum **Gotischen Haus** folgen

(20) der Radweg mündet in die *Behlertstraße* ein → links, rechts in die *Kurfürstenstraße* → links in die *Friedrich-Ebert-Straße* ins **Holländische Viertel**

(21) geradeaus weiter auf der *Friedrich-Ebert-Straße* bis in die *Alleestraße*, zum *Steubenplatz*, vor diesem → links zum

(22) **Alten Markt im Zentrum von Potsdam/ZIEL.**

31 Nach der Glienicker Brück führt von den Kolonnaden ein straßenbegleitender Radweg der *Berliner Straße* ins Potsdamer Zentrum.

32 Am Rechtsknick der *Berliner Straße* vor der Straßenbahninsel → links in die *Burgstraße*, nach wenigen Metern an einer T-Kreuzung bei der Josefinenwohnanlage → links, das Gebäude umfahren und vor der Brücke nach → rechts in die unbefestigte Uferpromenade.

33 Vor der Langen Brücke → rechts auf der *Friedrich-Ebert-Straße* um den Landtag herum zum **Filmmuseum Potsdam/ZIEL**.

Start

1 **Start** am **Filmmuseum Potsdam**, in westlicher Richtung die *Breite Straße* entlang und spätestens an der Einmündung der *Schopenhauerstraße* auf die linke Straßenseite wechseln.

1 Auf der rechten Seite der *Breite Straße* bis vor zur großen Kreuzung → rechts in die *Zeppelinstraße/B2*, dem Rechtsbogen der Straße folgen, dann → links an der Haltestelle Luisenplatz-Süd/Park Sanssouci über die Schienen zum *Luisenplatz*

2 rechts um den *Luisenplatz* herum und der *Schopenhauer Straße* am Brandenburger Tor (Potsdam) vorbei und schräg-links weiter auf der *Schopenhauer Straße* bis zur großen Kreuzung

3 → rechts in die Straße *Zur Historischen Mühle* zur **Historischen Mühle** in der *Maulbeerallee*. Links geht es zum Ticketschalter von **Schloss Sanssouci.**

2 Am **Dampfmaschinenhaus** → links halten und der *Uferpromenade* und den Schildern nach Werder folgen. Vor der Seniorenresidenz → links und zur Straße *Auf dem Kiewitt* → rechts, dann links auf der Straße *Auf dem Kiewitt*. Nach der Eisenbahnunterführung bis zum Ende der Straße am **Fähranleger „Auf dem Kiewitt“**.

3 →rechts halten und durch den Park bis zur *Wielandstraße*, nach einem Links-Rechts-Knick über den kleinen Kanal und weiter auf dem unbefestigten Uferweg des **Templiner Sees**. Bis auf einen kurzen Schlenker am Restaurant Seekrug immer dem Uferweg folgen, unter den Gleisen hindurch, danach halblinks halten und wieder bis zum Wasser.

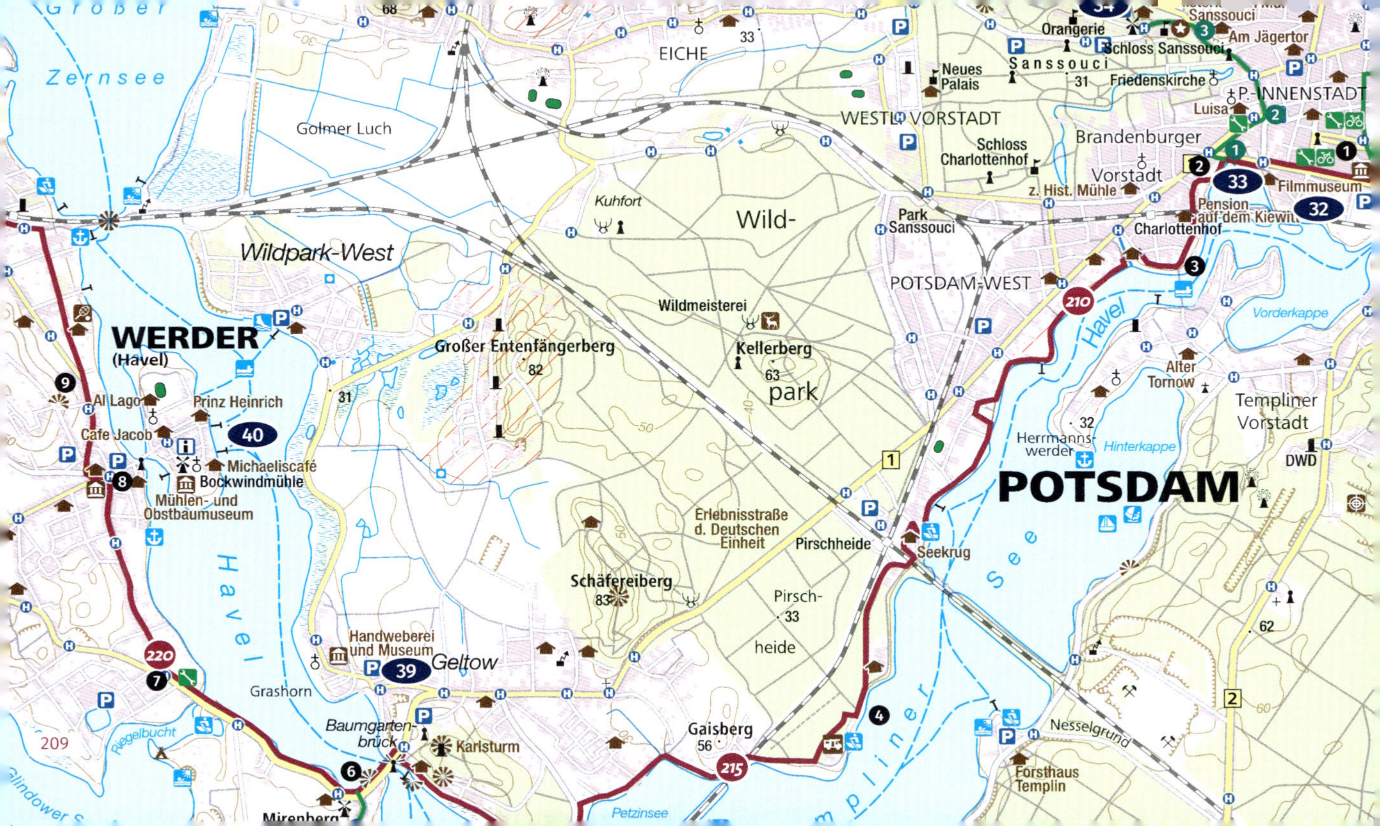

POTSDAM
WERDER
(Havel)
Geltow
Wild-
park
Zernsee
Golmer Luch
Wildpark-West
EICHE
WESTL. VORSTADT
POTSDAM-WEST
Brandenburger
Vorstadt
P. INNENSTADT
Templiner
Vorstadt
Sanssouci
Orangerie
Schloss Sanssouci
Neues
Palais
Friedenskirche
Am Jägertor
Luisa
Schloss
Charlottenhof
z. Hist. Mühle
Filmmuseum
Pension
auf dem Kiewitt
Charlottenhof
Park
Sanssouci
Kuhfort
Wildmeisterei
Kellerberg
63
Großer Entenfängerberg
82
Erlebnisstraße
d. Deutschen
Einheit
Pirschheide
Pirsch-
heide
33
Schäfereiberg
83
Seekrug
Gaisberg
56
Havel
Vorderkappe
Hinterkappe
Alter
Tornow
Herrmanns-
werder
DWD
Templiner See
Nesselgrund
Forsthaus
Templin
Petzinsee
Handweberei
und Museum
Grashorn
Baumgarten-
brück
Karlsturm
Mirenberg
Riegelbucht
Glindower See
Al Lago
Prinz Heinrich
Cafe Jacob
Michaeliscafé
Bockwindmühle
Mühlen- und
Obstbaummuseum
32
33
39
40
210
215
220
1
2

❹ An der nächsten T-Kreuzung → links halten, dann in einem Linksbogen am Ufer entlang durch den **Campingplatz** fahren. Ab jetzt ist die Straße wieder asphaltiert (*Am Gaisberg*), die Bahngleise überqueren und → links in die Straße *Am Petzinsee* einbiegen und bis zur nächsten T-Kreuzung fahren.

❺ An der Kreuzung → rechts in die Straße *Baumgartenbrücke*, unter der Brücke hindurch → rechts hoch zur Brücke → rechts über die Brücke

❻ am Kreisverkehr geradeaus auf dem Radweg entlang der stark befahrenen *Berliner Chaussee* bis zur nächsten Brücke. Diese überqueren und an der nächsten Ampel weiter geradeaus auf der *Berliner Straße*.

❼ → rechts in die *Potsdamer Straße* bis zur Straße *Unter den Linden*

Rechts geht es über die Brücke auf die **Altstadtinsel von Werder an der Havel.**

❽ → *links in die* Brandenburger Straße → rechts in die *Eisenbahnstraße*, dem Straßenverlauf bis zur Y-Gabelung folgen

❾ → rechts in die Adolf-Damaschke-Straße. Nach einem Linksbogen am **Bahnhof von Werder** vorbei bis zur Phöbener Straße

❿ → rechts in die Phöbener Straße, die Schienen überqueren, am Kreisverkehr dem Straßenverlauf nach links folgen, dem Radweg parallel zur *Phöbener Chaussee* bis zur Autobahnbrücke folgen, unter dieser hindurch und weiter bis zum Ortseingang von **Phöben**. Im Ort weiter auf der Hauptstraße bis kurz vor der **Kirche**

⓫ → rechts in die *Fährstraße*, geradeaus weiter auf dem *Phöbener Havelweg*, nach dem Parkplatz (links) dann auf dem *Deichweg* entlang der Havel zwischen Feldern und Schilfgürtel. Weiter auf dem **Haveldeich**, vorbei an einem Rastplatz bis zur kurzen Stichstraße, die rechts zur **Fähre nach Ketzin** führt.

Fortsetzung S. 208

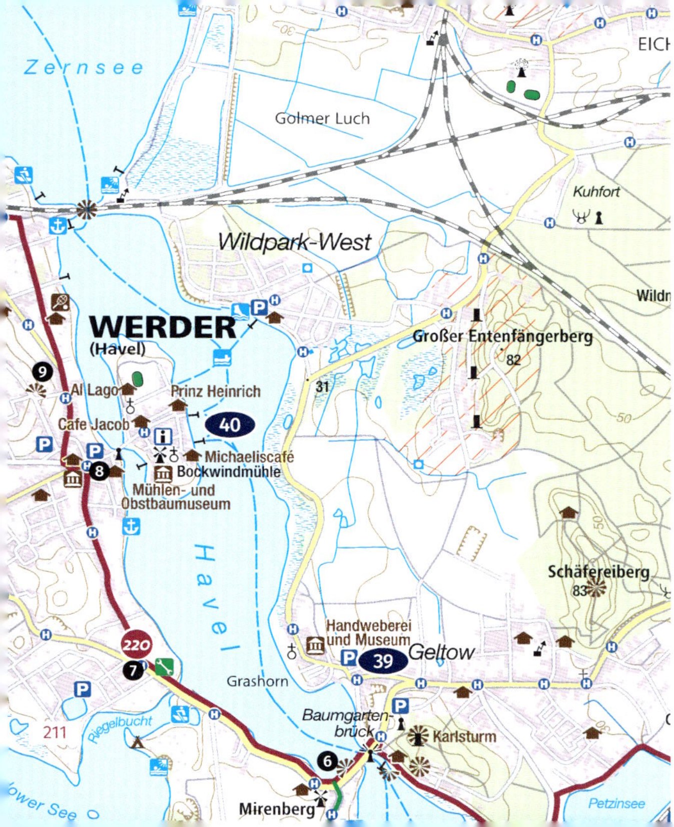

Zernsee
Golmer Luch
Kuhfort
Wildpark-West
WERDER
(Havel)
Großer Entenfängerberg
82
31
Al Lago
Prinz Heinrich
40
Cafe Jacob
Michaeliscafé
Bockwindmühle
Mühlen- und
Obstbaumuseum
Havel
Schäfereiberg
83
Handweberei
und Museum
39
Geltow
220
Grashorn
Baumgarten-
brück
Karlsturm
211
Mirenberg
Petzinsee

230
PHÖBEN
Schützenhaus
Kleiner
Zern-
see
Wachtelberg
84
Poloplatz
10
E55
Wassertouristische
Informationsstelle
NSG
Wolfsbruch
Gestüt
Bonhomme
Kolonie Zern
Marina Zernsee
23
Phöben
KEMNITZ
Burgruine
Zolchow
WERDER
(Havel)
225
32
31
Großer
Kesselberg
74
PLESSOW
Gutshaus
Plessow
Weinberg
40
Plessower
See

Schlenker nach Caput

4 → links in die *Geltower Chaussee*, über den Wentowgraben, zur **Seilfähre nach Caputh**, mit der Fähre übersetzen. Geradeaus auf der *Straße der Einheit*, immer dem Verlauf folgen, die Straße mündet in die *Friedrich-Ebert-Straße* ein

5 → links weiter auf der *Straße der Einheit* (rechts geht es an einem Parkplatz zum **Schloss Caputh**)

6 im Linksbogen weiter auf der *Lindenstraße*, diese macht einen Rechtsbogen, geradeaus weiter

7 in der Linkskurve (Beginn *Potsdamer Straße*) → rechts weiter auf der *Lindenstraße* zu einer Kreuzung

8 schräg-links in die *Rosenstraße* und geradeaus zum **Einsteinhaus** (rechte Seite).

Rundfahrt Schwielowsee

4 → links in die *Geltower Chaussee*, über den Wentowgraben, zur **Seilfähre nach Caputh**, mit der Fähre übersetzen. Geradeaus auf der *Straße der Einheit*

9 → rechts in die *Weinbergstraße* → rechts in die *Schwielowseestraße*, die Bahngleise queren, dem Verlauf der Straße bis in den Ort **Schwielowsee** folgen, diesen auf der *Dorfstraße* queren

10 geradeaus weiter auf der Straße *Mühlengrund*, in einem Rechtsbogen in den Ortsteil **Ferch**

11 am Ortseingang → rechts in den *Glindower Weg*, der beim Sportplatz im Linksbogen in die *Fercher Straße* übergeht – links liegt der **Japanische Bonsaigarten Ferch**

12 weiter auf der *Fercher Straße* nach **Petzow**

13 an der Kreuzung im Linksbogen weiter auf der *Fercher Straße*

– bei der Bushaltestelle geht es links zur **Kirche Petzow**

14 in der Linkskurve → rechts in die *Zelterstraße* zum **Schloss Petzow**

geradeaus weiter auf der *Fercher Straße*, dann *Am Schwielowsee* bis zum Kreisverkehr

In Ferch am Schwielowsee

Glindower See
Ziegeleimuseum
NSG
Glindower Alpen
Mirenberg
53
Precise Resort Schwielowsee
Greilbucht
PETZOW
Haus-see
Schloss und Park Petzow
38
60
Kesselberg
62
Bachtenberg
71
Löcknitz
Pension Seeblick
Schwarzer Büffel
Kammerode
37
Japanischer Bonsaigarten
40
Mittelbusch
Neue Scheune
Haus am See
Schwielowsee
Schwielow-see
Flottstelle
36
Fischerkirche
Museum der havelländischen Malerkolonie
Kemnitzerheide
Zacharias-berge
Wietkiekenberg
Petzinsee
Groß Wentorf
32
Caputh-Geltow
Havel
Templiner See
Klein Wentorf
Heimathaus
Schloss Caputh
Haveltreff
Caputh-Schwielowsee
31
Caputh
Albert-Einstein-Haus
Marienquelle
Forsthaus Templin
35
62
Caputher See
Krähenberg
74
NSG
Lienewitz-Caputher Seen- und Feuchtgebietskette
Wurzel-fenn
Gr. Lienewitzsee
Kl.
Lienewitz
Siedlung Willichslust
Siedlung Michendorf-West

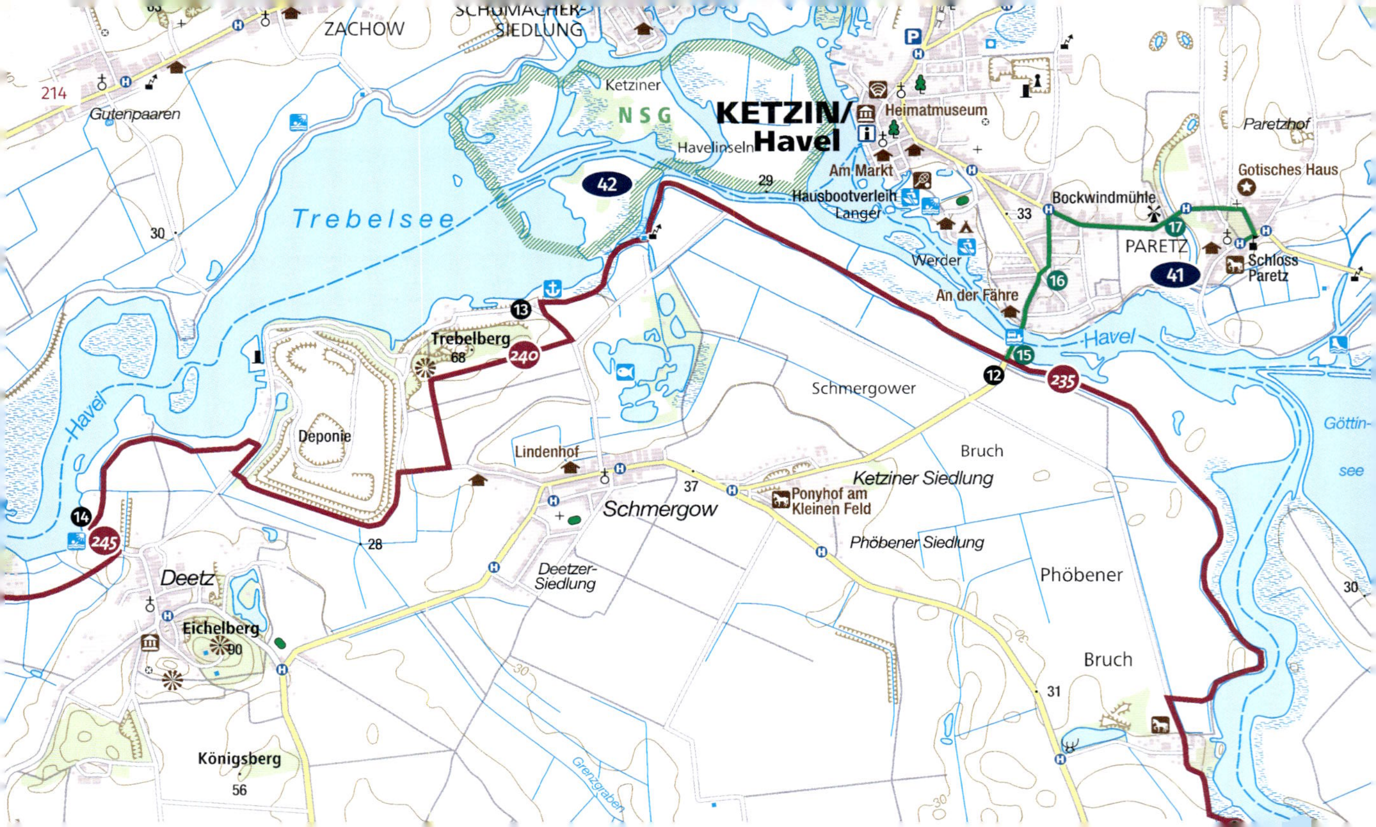
ZACHOW
SCHUMACHER-SIEDLUNG
Gutenpaaren
Ketziner
NSG
Havelinseln
KETZIN/Havel
Heimatmuseum
Am Markt
Hausbootverleih Langer
Werder
An der Fähre
Paretzhof
Gotisches Haus
Bockwindmühle
PARETZ
Schloss Paretz
Havel
Trebelsee
Trebelberg
68
Deponie
Lindenhof
Schmergower
Bruch
Ketziner Siedlung
Ponyhof am Kleinen Feld
Schmergow
Phöbener Siedlung
Deetzer-Siedlung
Deetz
Eichelberg
90
Königsberg
56
Phöbener
Bruch
Göttin-see
Grenzgraben
42
41
13
240
12
235
15
16
17
14
245
28
29
30
31
33
37

15 → rechts zur **Fähre**, mit der Fähre die Havel queren, am rechten Havelufer der Straße *An der Fähre*, im weiteren Verlauf *Werdersche Straße* bis zur T-Kreuzung folgen.

16 → links in die *Theodor-Fontane-Straße* → rechts in die *Potsdamer Straße*, die in die Straße *An der Mühle* übergeht, links liegt die **Bockwindmühle Paretz**

17 geradeaus weiter auf der Straße *An der Mühle*, dann *Parkring*, und diesem in einem Bogen am Rand des *Schlossplatzes* entlang zum **Schloss Paretz.**

12 An der Stichstraße zur Fähre geradeaus weiter auf dem Haveldeich, ein markanter Richtungswechsel nach Südwesten, weiter am Ufer entlang.

13 Nach einem scharfen Linksknick weg vom Wasser → bei der **Schmergower Friedenseiche** → rechts, am **Trebelberg** vorbei, danach → links, dann zweimal rechts am Zaun der **Bauschuttdeponie Deetz** entlang. Links zurück auf den Haveldeich und in einem großen Linksbogen beim ersten Haus von **Deetz**

14 → links in die *Fischerstraße*, am Ortseingang rechts in die Straße *Zur Ziegelei* bis zur Lore → links am Havelstübchen (Biergarten) vorbei, weiter auf kurviger Fahrradstraße durch das **Teichgebiet Deetzer und Götzer Erdlöcher** in Richtung Götzerberge.

Abendstimmung an der Havel bei Ketzin

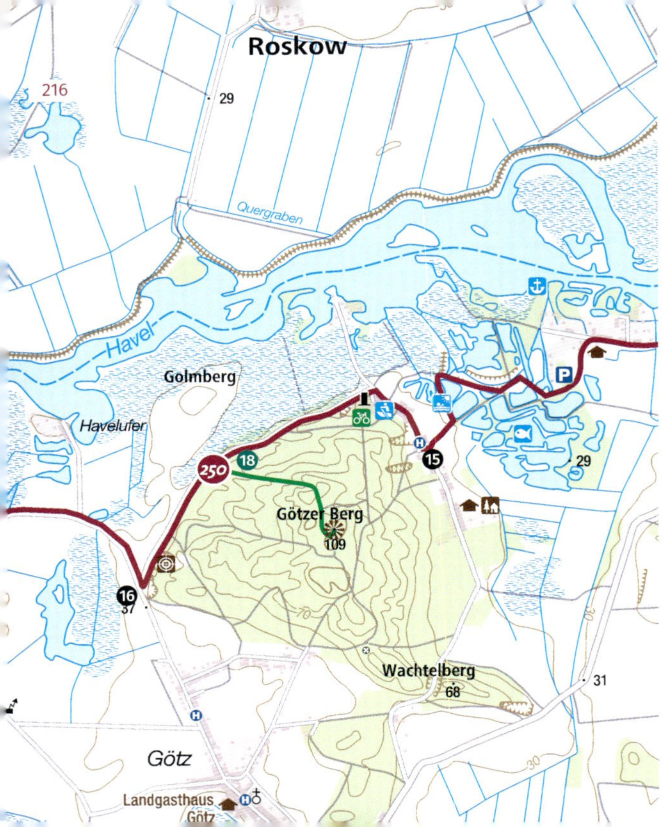

15 Bei den ersten Häusern von **Götzerberge** → rechts in die *Bergstraße* einbiegen und den Ort durchfahren. Am Ortsende → links in den Wald, später am Waldrand entlang Richtung Götz.

18 → links in die Straße zum **Aussichtsturm Götzer Berg**

Weiter geradeaus am Waldrand entlang,

16 an der nächsten Kreuzung im spitzen Winkel → rechts auf einem straßenbegleitenden Radweg zum Havelufer. Weiter in Kurven auf dem **Haveldeich** bis zur nächsten T-Kreuzung →links zu den ersten Häusern von **Gollwitz**.

17 Am nächsten Kreisverkehr rechts in die *Schlossallee* und den Ort durchfahren.

Geradeaus kommt man zur Dorfkirche und **Schloss Gollwitz.**

Auf der *Schlossallee* bis zur *B1 (Berliner Straße)*, die *B1* queren

18 → rechts auf den Radweg neben der *B1*. Auf der B1 über die Bahngleise bis zur *B102*, an der T-Kreuzung

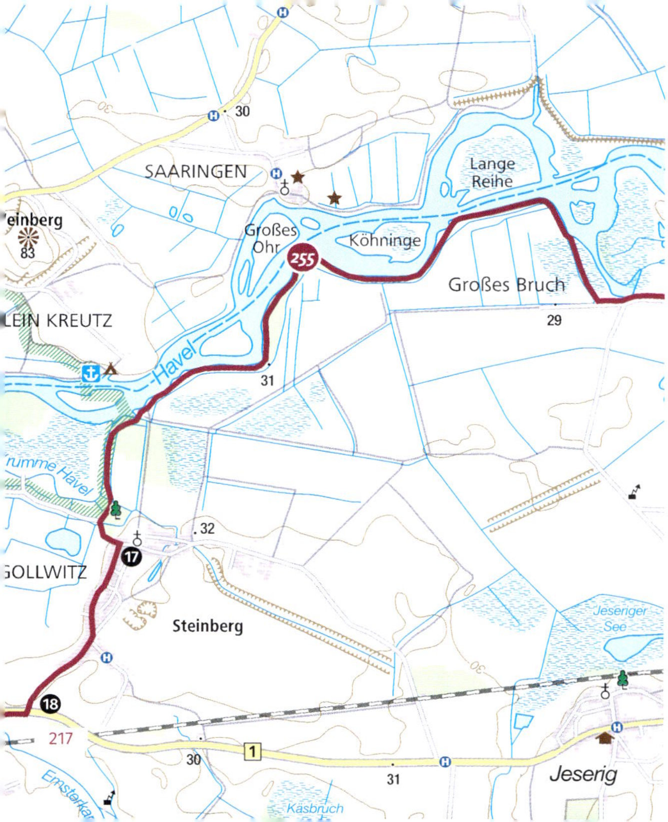

⑲ → rechts in die *Potsdamer Straße* in Richtung Brandenburg Zentrum.

⑳ Nach der Tankstelle an der Ampel der nach rechts abknickenden *Potsdamer Straße* folgen, erst den *Jakobsgraben*, dann den Stadtkanal queren und weiter geradeaus auf der *St.-Annen-Straße* zum

㉑ **Neustädter Markt in Brandenburg an der Havel/ZIEL.**

Start

❶ **Start** am Knotenpunkt 20 am *Neustädter Markt* in **Brandenburg an der Havel.** Mit dem Parkplatz im Rücken geradeaus der Steinstraße nach Südwesten folgen, die Steintorbrücke queren, weiter geradeaus auf der Jacobstraße, dann

1 → rechts in die *Bauhofstraße*, die **Luckenberger Brücke** queren und geradeaus auf der Luckenberger Straße bis zur T-Kreuzung → rechts in die *Neuendorfer Straße*, an der **St.-Nikolai-Kirche** vorbei, danach

2 → links durch den Park zur Stichstraße an der Medizinischen Hochschule → schräg links weiter auf dem Radweg der *Magdeburger Straße*, dann der *B1/Magdeburger Landstraße* für 3,1 km zur *August-Sonntag-Straße* folgen

3 → rechts in die *August-Sonntag-Straße* zum **Industriemuseum**

❷ geradeaus weiter auf der *Jacobstraße*. Den Jakobsgraben queren und auf dem straßenbegleitenden Radweg entlang der *Wilhelmsdorfer Straße* die Stadt verlassen. Zweimal die Bahnschienen überqueren, beim zweiten Mal auch die Straßenseite wechseln.

BRANDENBURG
an der Havel
Mittlere Havel
Silokanal
Brandenburger Stadtkanal
Havel
Plane
Stadthavel
Mittel-
bruch
WUST
NEUSCHMERZKE
SCHMERZKE
QUENZSIEDLUNG
KLINGENBERG
SIEDLUNG
Solarpark
SIEDLUNG
EIGENE SCHOLLE
Industrie-
museum
Marienberg
Friedens-
warte
Marienbad
Dom-
museum
Dom
Brandenburg-Museum
Segway-
Touren
Start/Ziel
Steintorturm
Neujahrsgraben
Großer Stechgraben
Deutsche Alleenstraße
Rietzer Berg
Breites
Bruch
Stammwiesen
Bruchgraben
Zingelheide
NSG
Naturschutz-
zentrum Krugpark
260
265
270
219
43
44
45
102
1
29
31
32
68
30
41
40

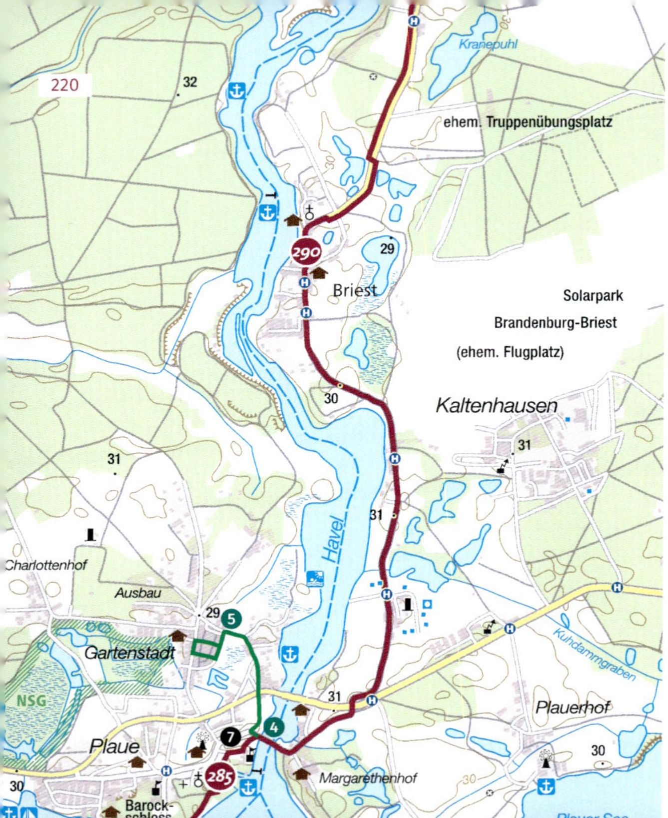

❸ Nach dem **Krugpark** (linke Seite) am Ortseingang von **Wilhelmsdorf** → rechts in den *Schmöllner Weg* bis fast zum Buhnenhaus. Vor der Brücke über den Kanal nach → links in eine Fahrradstraße. Dieser in Ufernähe bis **Kirchmöser Dorf** folgen. Am Ortseingang → rechts in die *Gränertstraße*, am Wasser entlang bis zur *Uferstraße*.

❹ Auf der *Uferstraße* den Heiligen See in einer Linkskurve umrunden. Im Industriegebiet nach den Schienen

❺ → rechts in den Radweg entlang der Straße *Unter den Platanen* einbiegen. Am Kreisverkehr mit dem Denkmal weiter geradeaus, über die Brücke und nach **Plaue**.

❻ → rechts durch den **Schlosspark Plaue** zum Schloss.

❼ → rechts in die Schlossstraße vor zur *Genthiner Straße*.

❹ → links in die *Genthiner Straße* → rechts in die *Kietzstraße*, die *B1* queren, geradeaus weiter auf der *Großen Mühlenstraße*

❺ → links in die *Scheidtstraße* → rechts in die *Querstraße* und vor zur *Lewaldstraße* in der **Gartenstadt Plaue**

→ rechts auf der **Alten Plauer Brücke** über die Havel. Der Linkskurve der *Plauer Landstraße* folgen, bis zur *B1*, diese kreuzen und an der *L962/Briester Weg* weiter bis **Briest** und **Tieckow** (ein straßenbegleitender Radweg ist in Planung bzw. Bau)

Plauer Schleuse
schloss
Noltersdorfer Altkanal
Plauer See
Wendsee
KIRCHMÖSER WEST
Buhnenwerder
NSG
Deponie
Wusterau
Kein Zugang
Weinberg
Breitling-see
KIRCHMÖSER OST
Heiliger See
KIRCHMÖSER DORF
Möserscher See
Kiehnwerder
Kaninchеninsel
FKK
Kälberwerder
Müggen-busch
Großer Wusterwitzer See
Wusterwitz
Mühlenberg
Bergenhof
Zolchberge
Gränert
WILHELMS-DORF
Rieselfelder
Wend-

8 am Ortsende von **Tieckow** kurz vor dem Bahnübergang → links in eine Fahrradstraße, diese macht einen Knick nach rechts, dann links und mündet in den *Wiesenweg* ein, an der T-Kreuzung → rechts in die *August-Bebel-Straße*, die Bahngleise queren. Bis zur Vorfahrtsstraße (*B102*, Knotenpunkt 23) → links in die *B102*, auf dem straßenbegleitenden Radweg nach **Havelsee-Pritzerbe.** Nach der Brücke und dem Ortsschild Pritzerbe

9 → halblinks in die *Havelstraße*, an der Y-Gabelung → rechts in die *Kirchstraße*, nach der Kirche links in die *Puschkinstraße* und geradeaus zur

10 **Fähre über die Havel.**

Start

1 **Start** an der **Fähre** von **Havelsee-Pritzerbe** nach Kützkow, auf der linken Havelseite auf der asphaltierten Fährstraße geradeaus, vor Beginn des Plattenweges → rechts nach Bahnitz. In **Bahnitz** der *Dorfstraße* zum *Dorfplatz* folgen, halblinks weiter auf der *Dorfstraße* zum Dorfende, weiter auf dem Plattenweg nach **Jerchel**, im Ort der Straße *Lindenweg* folgen.

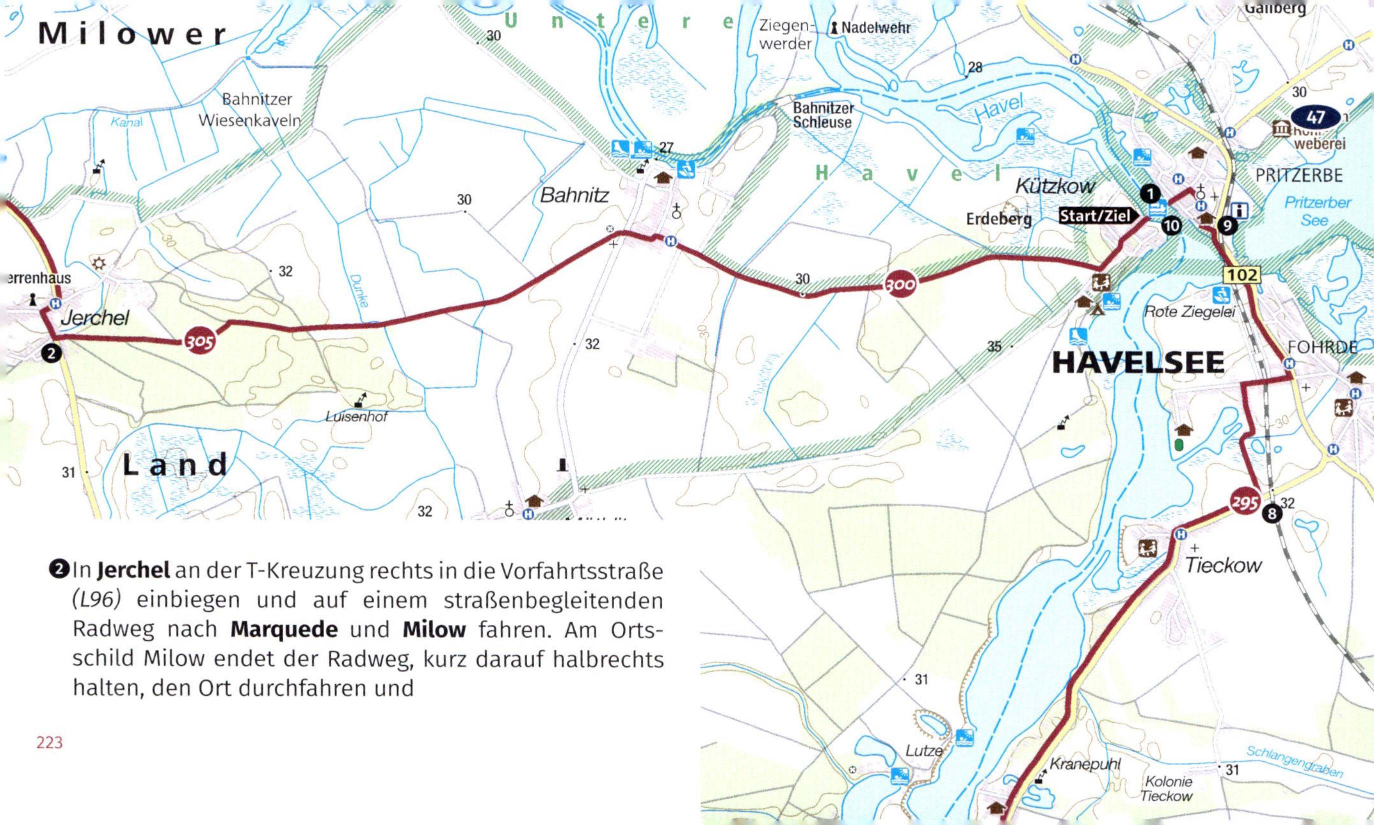

❷ In **Jerchel** an der T-Kreuzung rechts in die Vorfahrtsstraße *(L96)* einbiegen und auf einem straßenbegleitenden Radweg nach **Marquede** und **Milow** fahren. Am Ortsschild Milow endet der Radweg, kurz darauf halbrechts halten, den Ort durchfahren und

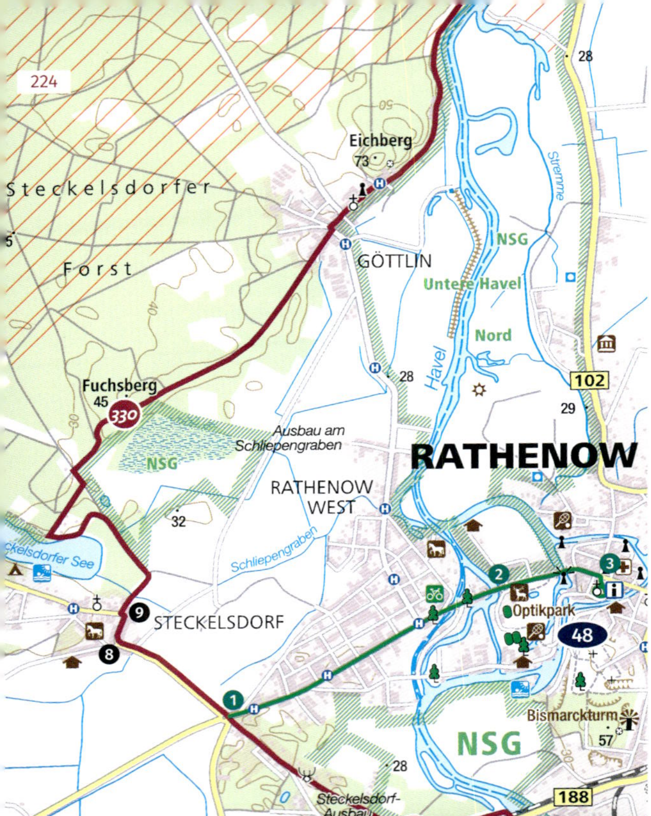

❸ vor der Brücke am Gasthof nach → links Richtung Bützer abbiegen, weiter auf der *L96*, auf dem straßenbegleitenden Radweg nach Bützer.

Vor der Brücke über die Stremme geht es rechts zum **Besucherzentrum des Naturparks Westhavelland.**

❹ Kurz nach dem Ortsschild in **Bützer** → rechts in die *Havelstraße*, danach links weiter am Ufer der Havel. Nach den letzten Häusern folgen zwei Links- und eine Rechtskurve. Vor dem Wald → rechts in einen Landwirtschaftsweg. In Kurven wird das Naturschutzgebiet zur Rechten umfahren, danach nähert sich der Radweg wieder dem Ufer der Havel an. In **Böhne** auf holprigem Bürgersteig durch den Ort, an der *B96*→ rechts und der *B96* folgen, ab dem Ortsende auf einem straßenbegleitenden Radweg.

❺ In einer leichten Linkskurve → rechts in eine Fahrradstraße und zurück zur Havel. Bei den Häusern von **Ludwigshof** → links auf einen Plattenweg, bei nächster Gelegenheit (Waldstreifen)→ rechts und weiter auf einem Plattenweg.

❻ Vor dem Wald → im scharfen Knick nach rechts, kurz vor der Havel geht es ein kleines Stück unbefestigt über eine

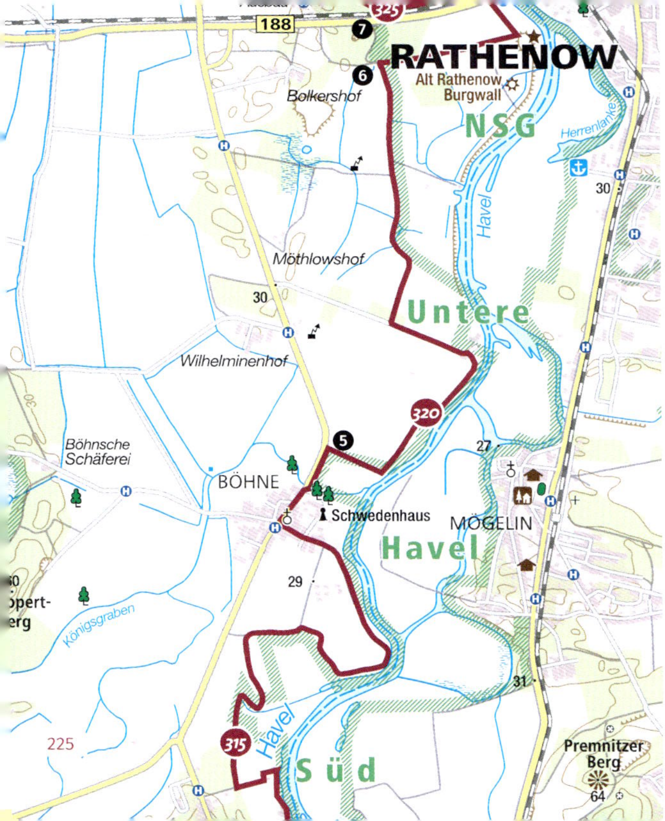

Wiese → links auf einen geschotterten Deichweg abbiegen, der zur Havelbrücke führt, unter dieser hindurch und anschließend → links. Ein Stück parallel zu Schienen und Straße.

7 Im spitzen Winkel → rechts von den Schienen entfernen und durch ein Wohngebiet zu einem Kreisverkehr (Knotenpunkt 55).

1 Im Kreisverkehr → rechts auf der *Genthiner Straße* Richtung Rathenow, über zwei Havelbrücken

2 weiter geradeaus auf dem *Schwedendamm* – rechts liegt der Eingang der **Optikpark** – die Rathenower Havel queren und dem *Schwedendamm* im Rechtsbogen in die *Steinstraße* folgen

3 → rechts in die Straße *Freier Hof* zum *Kirchplatz* von **Rathenow.**

Auf dem Havel-Radweg entlang der *B96*, dann Hauptstraße nach **Steckelsdorf,** im Ort nach einer Rechtskurve

8 → rechts in eine Fahrradstraße, auf den folgenden 3 km durch Wald nach **Göttlin**, dort weiter auf der *Steckelsdorfer Straße* zu einer T-Kreuzung → links auf die *Göttliner Dorfstraße*, an der Kirche vorbei und weiter in Richtung Grütz. Kurz darauf beginnt wieder eine Fahrradstraße, die am Waldrand in einem großen Linksbogen nach **Grütz** führt.

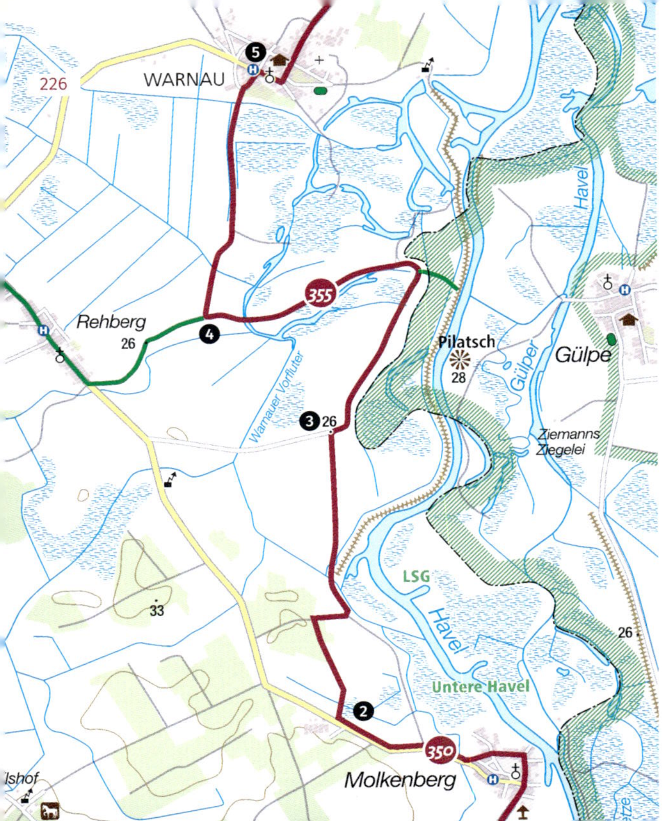

9 In **Grütz** auf dem *Dravisweg*, dann *Grützer Dorfstraße* am Campingplatz und Rastplatz vorbei bis zur Dorfkirche → rechts um die Kirche herum → rechts in den *Schollener Weg*, dieser wird bald zur Fahrradstraße. Im Wald bergauf

10 nach dem Rechtsknick wieder bergauf, dann bergab zur *L18* (Knotenpunkt 05)

11 → rechts und auf dem straßenbegleitenden Radweg zur *L18* bis Neuschollene

12 → rechts in die Straße *Neu-Schollene*, in einem Linksbogen durch den Ort und zurück zur *L18*. Auf der Straße weiter bis Schollene fahren. Am Ortseingang die *L18* queren und im spitzen Winkel → links abzweigen, zu den ersten Häusern fahren, die *Lindenstraße* queren und auf der *Feldstraße* immer geradeaus

13 bis zu einer T-Kreuzung ins Zentrum von **Schollene/ZIEL.**

START

1 **Start** am Ortsende von Schollene am *Platz des Friedens* an der T-Kreuzung → links und auf der *Havelberger Straße/L18* durch Neumolkenberg nach **Molkenberg**. Am Ortsanfang von Molkenberg beim Friedhof → gerade-

aus durchs Dorf, an der nächsten Kreuzung → links zur *Hauptstraße* abbiegen→ rechts auf dem Radweg, dann weiter auf der *L18* für 1 km Richtung Rehberg.

❷ Auf Höhe der Stallgebäude auf der linken Seite → rechts auf den Radweg, an der nächsten Weggabelung im Wald → rechts, vor dem Warnauer Vorfluter → links und an der nächsten Gabelung → rechts, geradeaus bis zu einer T-Kreuzung

❸ → rechts, links, geradeaus und in einem Linksbogen an dem links liegenden Wassergraben vorbei zum Warnauer Vorfluter, über die Brücke zur nächsten Abzweigung

❹ → rechts und geradeaus bis zur *Gartenstraße*, auf dieser zur *Alten Lindenstraße* in **Warnau.**

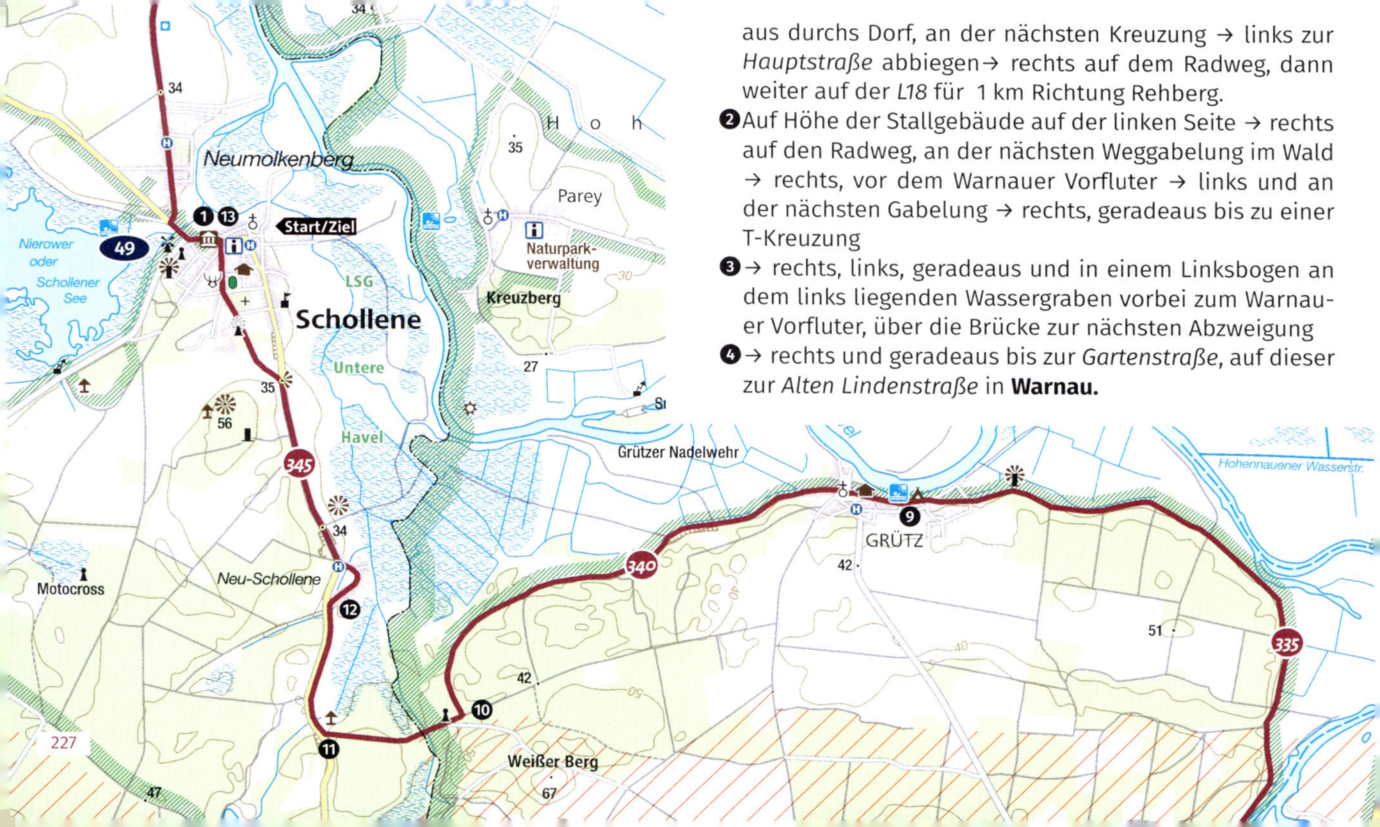

5 → In Warnau rechts und an der Kirche vorbei, danach → links weiter auf der *Alten Lindenstraße* aus dem Ort heraus und auf dem Radweg nach Norden.

6 Beim nächsten Abzweig → rechts und nach 250 m → links und über die Felder zum südöstlichen Ortseingang von **Garz**, der Radweg mündet in die *Schleusenstraße* ein

7 an der Y-Kreuzung → rechts in die *Deichstraße*, an der T-Kreuzung → rechts in die *Alte Kirchstraße*, im Linksbogen ginge es rechts zum Hafen. Der *Alten Kirchstraße* an der Fachwerkkirche vorbei folgen, die Straße führt in einem Rechtsbogen zurück zur *L2*. Dieser nach Norden zur **Garzer Mühle** folgen, nach der Mühle an der Kreuzung → rechts in die *L17*

1 → auf der *L17* über die Havel nach **Strohdehne** bis zu einer T-Kreuzung

2 → links weiter auf der *L17* aus dem Ort und der *L17* in einem Rechtsbogen folgen, nach 3,9 km

3 → rechts auf einen Wirtschaftsweg nach Süden zum **Beobachtungspunkt nördlich des Gülper Sees**

8 → links am Knotenpunkt 03 in den Radweg abbiegen und diesem zur *L2/Havelberger Straße* folgen, auf dem Radweg zum Ortseingang von **Kuhlhausen**

9 → rechts in die Straße *Am Karpfenteich*, nach dem Teich → rechts in den *Triftweg* bis zur Y-Kreuzung → rechts in den *Straukenweg* und im Linksbogen vor zur *L2*

10 → rechts in den *Gartenweg* → rechts in die Straße *Am Deich*, nach wenigen Metern → links der Straße *Am Deich*, später *Fischerberg* aus dem Ort folgen und in einem Linksbogen zurück zur *L12*

11 → rechts auf den Radweg an der *L12*, am Knotenpunkt 02 wechselt der Radweg die Straßenseite, der *L12* nach **Jederitz** folgen, den Trübengraben queren und geradeaus in den Ort.

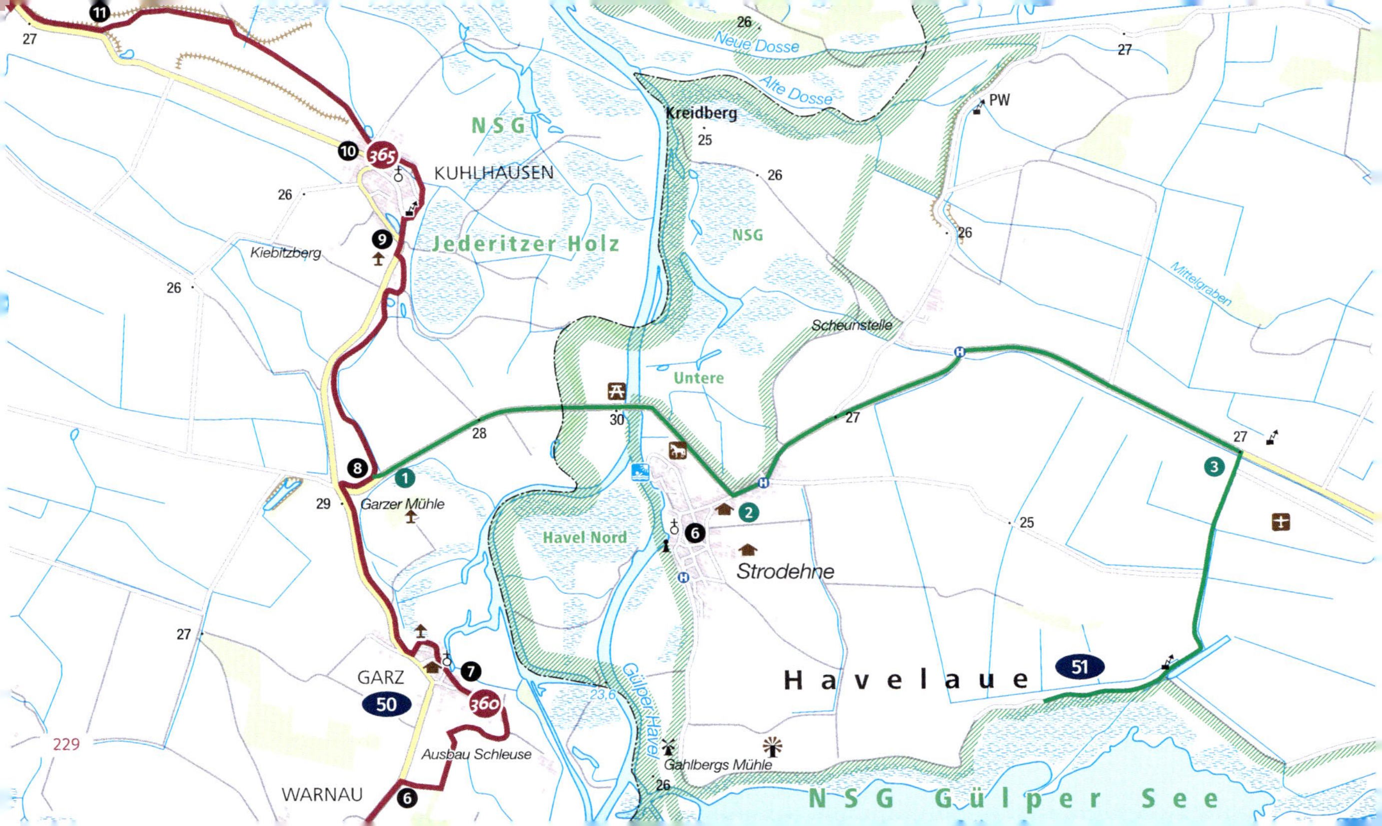

Neue Dosse
Alte Dosse
Kreidberg
PW
NSG
KUHLHAUSEN
Jederitzer Holz
Kiebitzberg
NSG
Scheunstelle
Mittelgraben
Untere
Havel Nord
Garzer Mühle
Strodehne
GARZ
Gülper Havel
23,6
Ausbau Schleuse
WARNAU
Gahlbergs Mühle
Havelaue
NSG Gülper See
365
360
50
51

⑫→ In **Jederitz** rechts in die *Alte Dorfstraße/L12* und in einem Linksbogen den Ort verlassen. Auf dem Radweg neben der Landstraße bis zur T-Kreuzung in **Havelberg** fahren.

Rechts führt die *B107 (Genthiner Straße)* über die Havelbrücke ins **Zentrum von Havelberg**.

⑬→ links auf die *B107* → rechts in die *Elbstraße* (nach 150 m liegt rechts das **Haus der Flüsse**, das Infozentrum des Biosphärenreservats Mittelelbe), nach 1,2 km auf der *Elbstraße* vor dem Hunde-Übungsplatz

1 geradeaus weiter bis zur Gierseilfähre über die Elbe
2 am linken Elbeufer geradeaus nach Räbel und der L2 nach Werben/Elbe folgen

⑭→ rechts zur **Schleuse Havelberg**. Die Schleuse queren, dann → links auf einen Plattenweg, die Fahrradstraße führt über die Insel zwischen Elbe und Havel in die **Kolonie Neu-Werben**. Nach dem Wehr zwischen Elbe und Havel

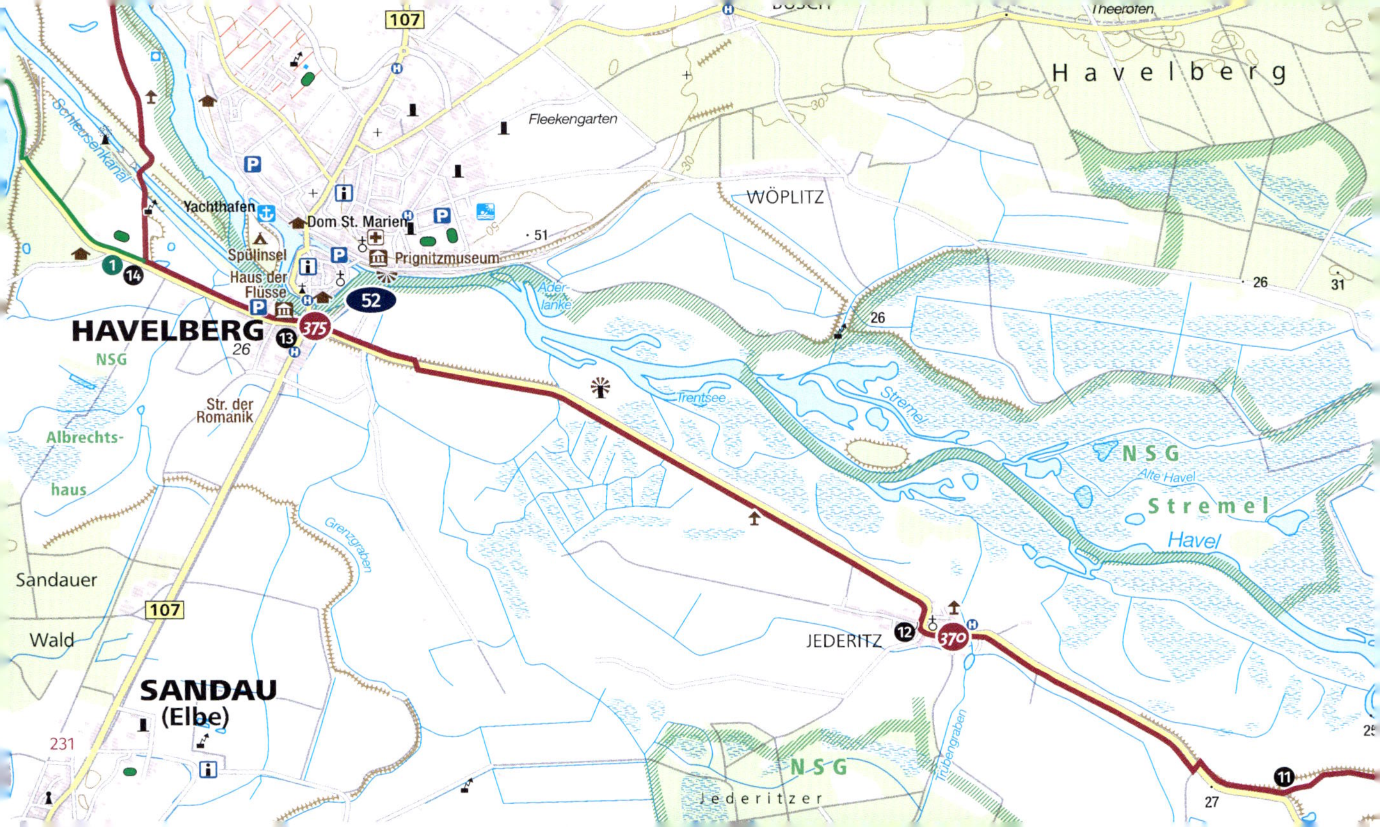

107
Theerofen
Havelberg
Fleekengarten
WÖPLITZ
Yachthafen
Dom St. Marien
Spülinsel
Prignitzmuseum
51
Haus der Flüsse
52
HAVELBERG
26
375
13
14
1
NSG
Schleusenkanal
Aderlanke
Trentsee
Stremel
NSG
Alte Havel
Stremel
Havel
26
31
Str. der Romanik
Albrechts-haus
Grenzgraben
Sandauer
Wald
107
SANDAU
(Elbe)
231
JEDERITZ
12
370
Trübengraben
NSG
Jederitzer
11
27

⑮→ links (ausgeschildert als „Alternativstrecke Mitteldeich") und weiter auf dem **Mitteldeich** zwischen Elbe und Havel radeln. Wenige Meter vor der Mündung am Rastplatz

⑯→ rechts über das Wehr nach **Gnevsdorf**. Hier endet offiziell der Havel-Radweg.

Prolog: Von der Havelmündung nach Wittenberge (~20 km)

⑰In **Gnevsdorf** nach dem Wehr → links am Deich entlang, beim Abzweig nach Gnevsdorf → rechts auf die *Gnevsdorfer Dorfstraße/K7005* und geradeaus nach **Rühstädt**.

⑱An der Y-Kreuzung → links auf der Straße *Am Schloss* zum **Rühstädter Schloss** → rechts, dann → links in die *Rühstädter Dorfstraße*

⑲in die zweite Straße → links und nördlich am Schlosspark vorbeifahren, 400 m nach dem **Weißen Turm**

⑳→ rechts und vor zum Deich

㉑→ rechts auf dem *Elbe-Radweg* nach **Bälow**. Geradeaus am Westrand des Ortes weiter dem Deich folgen, am **Parkplatz Sandkrug** vorbei zum Knotenpunkt 33

㉒→ links nach **Hinzdorf**. In Hinzdorf mündet der Radweg in die *Hinzdorfer Dorfstraße* ein, vorbei am Friedhof und weiter in einem Linksbogen, an der zweiten Dreieckskreuzung nach dem Bauerncafé

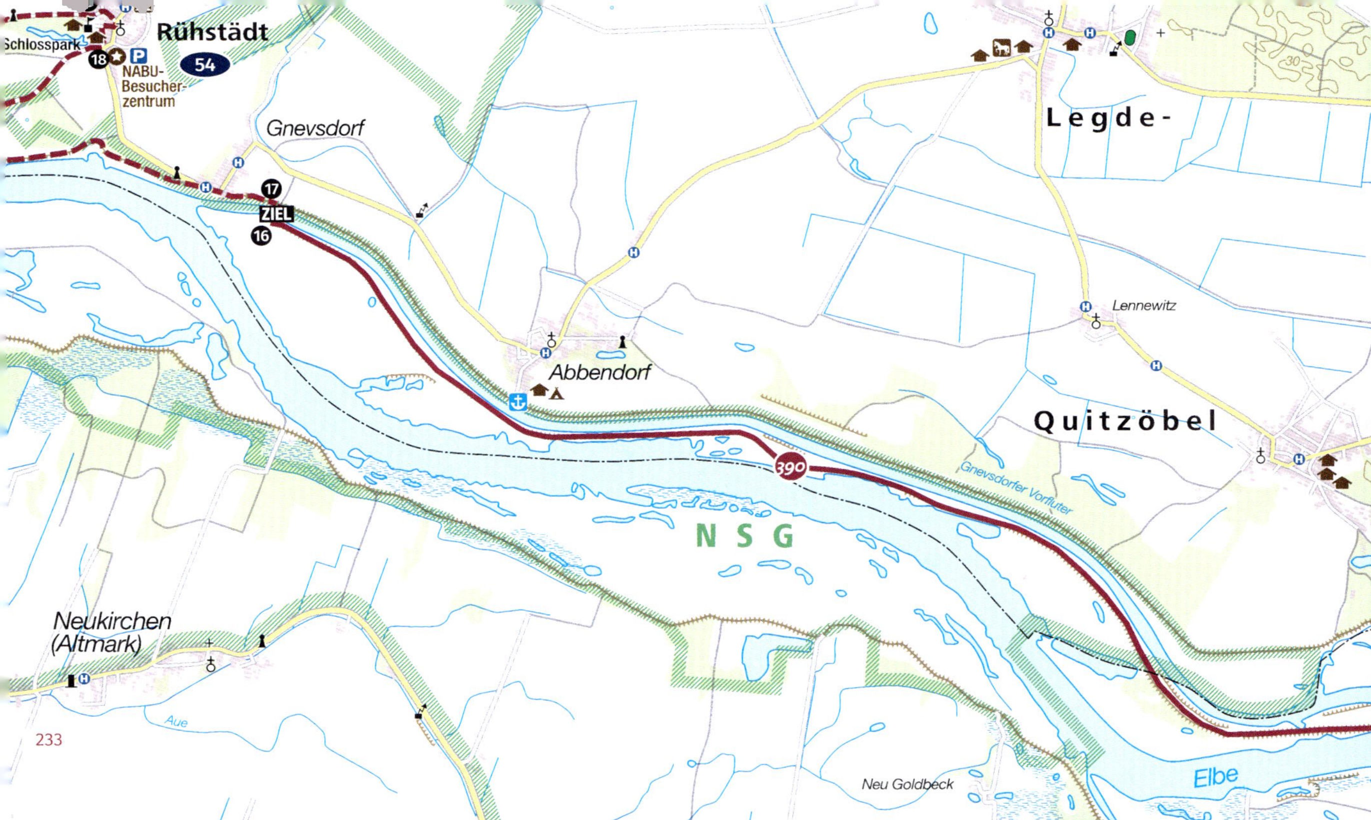
Rühstädt
Schlosspark
18
NABU-
Besucher-
zentrum
54
Gnevsdorf
17
ZIEL
16
Abbendorf
Legde-
Lennewitz
Quitzöbel
Gnevsdorfer Vorfluter
390
NSG
Neukirchen
(Altmark)
Aue
Neu Goldbeck
Elbe
30

In Wittenberge an der Elbe

23 → halbrechts auf der *Dorfstraße/Radweg* nach Westen den Ort verlassen und an Schadebeuster vorbei Richtung Garsedow. Noch vor **Garseddow** auf Asphalt (Elbdeich) bis zur Eisenbahnbrücke.

24 Vor der Brücke (Knotenpunkt 32) → rechts und auf der Brücke die Stepnitz überqueren

25 → links in die *Bad Wilsnacker Straße* einbiegen → rechts in die *Packhofstraße*, an der T-Kreuzung → rechts in die *Friedrichstraße*, gleich → links in die *Rathausstraße*

26 → links in die *Bahnstraße* → rechts in die Straße *Am Stern* Am Kreisverkehr → links in die Turmstraße. Sie führt ins Zentrum von **Wittenberge.**

26 Am Kreisverkehr → rechts in die *Perleberger Straße*, auf dieser nach Norden bis zum Beginn eines Parks, dort → rechts in die *Röhlstraße* → links in die *Johannes-Runge-Straße* → rechts in die *Goethestraße* zum **Bahnhof Wittenberge.**

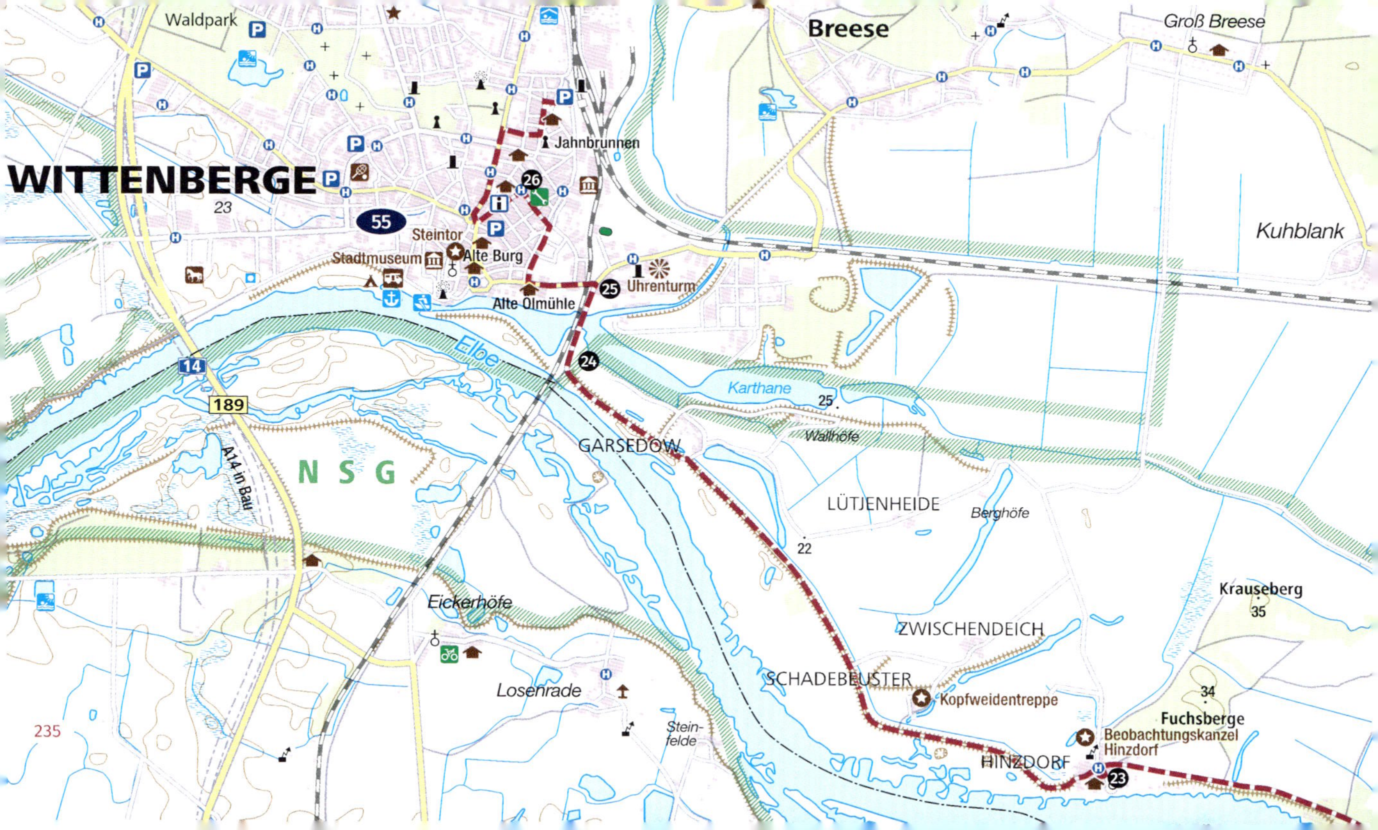

Waldpark
Breese
Groß Breese
WITTENBERGE
23
55
Jahnbrunnen
26
Steintor
Alte Burg
Stadtmuseum
Alte Ölmühle
25
Uhrenturm
Kuhblank
Elbe
14
189
24
Karthane
25
Wallhöfe
GARSEDOW
A14 in Bau
N S G
LÜTJENHEIDE
Berghöfe
22
Eickerhöfe
Krauseberg
35
ZWISCHENDEICH
Losenrade
SCHADEBEUSTER
Kopfweidentreppe
34
Fuchsberge
Steinfelde
Beobachtungskanzel Hinzdorf
HINZDORF
23
235

Zeit den Akku aufzuladen

Deine Radreise soll ein unvergessliches Erlebnis werden. Dazu gehört auch das aufladen der Akkus sowohl von Mensch als auch Maschine. Verlässliche und aktuelle Informationen hierzu finden sich auf den Seiten der Tourismusverbände und Tourist-Information der Orte.

ANREISE & ABREISE

Alle Start- und Zielorte sind mit Bus und Bahn zu erreichen. Die Mitnahme von Fahrrädern in Zügen/Bussen wird allerdings sehr unterschiedlich gehandhabt und ist zeitlichen Einschränkungen unterworfen. Informiere dich deshalb vorab:

Deutsche Bahn
www.bahn.de/service/individuelle-reise/bahn_und_fahrrad

TOURENPLANUNG

Beachte bei der Tourenplanung, dass viele stadtnahe Radwege an Wochenenden und Feiertagen stark frequentiert sind. Reserviere deine geplanten Übernachtungen vorab, vor allem wenn du mit mehreren Personen oder in der Hochsaison unterwegs bist. Informationen zu Übernachtungsmöglichkeiten kannst du auf den Seiten der jeweiligen Tourismusverbände finden.

UNTERWEGS MIT KINDERN

Passe die Fahrstrecke den Bedürfnissen und Fähigkeiten deiner Kinder an. Durch die Flache Wegführung und die vielen Einkehrmöglichkeiten direkt am Weg sind alle Abschnitte für Kinder geeignet. Nutze die lohnenswerten Schlenker und andere interessante Ausflugsziele unterwegs (Tier- und Naturparks, Badeseen, Minigolfanlagen usw.) um die Radtour abwechslungsreich zu gestalten. Genügend zu Trinken, etwas Obst und vor allem Badesachen sollten nicht fehlen.

ZENTRALE INFORMATIONSQUELLEN

Tourismusverband Havelland
Theodor-Fontane-Str. 10
14641 Nauen / OT Ribbeck
Tel. 033237/859030
www.havelland-tourismus.de

ORTE & TOURISMUS-BÜROS

BERLIN
Tourist-Infomation Brandenburger Tor
Pariser Platz
10117 Berlin Mitte
Tel. 030/250025
www.visitberlin.de

Tourist-Infomation im Hauptbahnhof
Europaplatz
10557 Berlin Tiergarten
Tel. 030/250025
www.visit-berlin.de

BERLIN-SPANDAU
Touristen-Informationspunkt im Gotischen Haus
Breite Str. 32
13597 Berlin
Tel. 030/3339388
www.spandau-tourist-information.de

BREDEREICHE
Touristinformation Fürstenberg/Havel
Markt 5
16789 Fürstenberg/Havel
Tel. 033093/32254
www.fuerstenberger-seenland.de

CAPUTH
Schwielowsee-Tourismus e. V.
Straße der Einheit 3
14548 Caputh
Tel. 033209/70899
www.schwielowsee-tourismus.de

DÖBERITZ
Tourismusverein Westhavelland e. V.
Freier Hof 5
14712 Rathenow
Tel. 03385/514991
www.tv-westhavelland.de

FÜRSTENBERG/HAVEL
Touristinformation Fürstenberg/Havel
Markt 5
16789 Fürstenberg/Havel
Tel. 033093/32254
www.fuerstenberger-seenland.de

GELTOW
Schwielowsee Tourismus e. V.
Straße der Einheit 3
14548 Caputh
Tel. 033209/70899
www.schwielowsee-tourismus.de

GRANSEE
Tourist-Information im Heimatmuseum
Rudolf-Breitscheid-Str. 44
16775 Gransee
Tel. 03306/21606
www.gransee-info.de

GROSS KREUTZ (HAVEL)
Touristischer Info-Punkt
Dorfaue 4
14550 Groß Kreutz (Havel)
Tel. 033207/18505

GROSS QUASSOW
Touristinformation
Strelitzer Str. 1
17235 Neustrelitz
Tel. 03981/4534105
www.neustrelitz.de

HANSESTADT HAVELBERG
Touristinformation
Uferstr. 1
39539 Havelberg
Tel. 039387/79091
www.havelberg.de

HENNIGSDORF
Stadtinformation
Rathausplatz 1
16761 Hennigsdorf
Tel. 03302/877320
www.hennigsdorf.de

HIMMELPFORT
Weihnachtshaus Himmelpfort, Haus des Gastes
Klosterstr. 23
16798 Himmelpfort
Tel. 033089/41888
www.himmelpfort.de
www.weihnachtshaus-himmelpfort.de

KETZIN (HAVEL)
Kultur- und Tourismuszentrum Ketzin/Havel
Rathausstr. 18
14669 Ketzin (Havel)
Tel. 033233/73830
www.ketzin.de

KRATZEBURG
Tourismusverein Havelquellseen e. V.
Henningsfelde 1
17237 Kratzeburg
Tel. 0700/38842835
www.havelquellseen.de

LIEBENWALDE
Touristeninfo mit Hofcafé
Havelstr. 1a
16559 Liebenwalde
Tel. 033054/90772
www.liebenwalde.de

MILDENBERG
Tourist-Info Zehdenick
Schleusenstr. 22
16792 Mildenberg
Tel. 03307/2877
www.fremdenverkehrs-buero-zehdenick.de

MILOW
Besucherzentrum des Naturparks Westhavelland
Stremmestr. 10
14715 Milower Land, OT Milow
Tel. 03386/211227
www.nabu-rathenow.de

NAUEN
Tourismusverband Havelland e. V.
Theodor-Fontane-Str. 10
14641 Nauen, OT Ribbeck
Tel. 033237/859030
www.havelland-tourismus.de

NENNHAUSEN
Tourismusverband Havelland e. V.
Theodor-Fontane-Str. 10
14641 Nauen, OT Ribbeck
Tel. 033237/859030
www.havelland-tourismus.de

NEUSTRELITZ
Touristinformation
Strelitzer Str. 1
17235 Neustrelitz
Tel. 03981/4535105
www.neustrelitz.de

ORANIENBURG
Tourist-Information
Schloßplatz 2
16515 Oranienburg
Tel. 03301/6008110
www.tourismus-or.de

POTSDAM
Tourist-Information
Humboldtstraße 2
14467 Potsdam
Tel. 0331/27558899
www.potsdamtourismus.de

RATHENOW
Fremdenverkehrsverein Westhavelland e. V.
Freier Hof 5
14712 Rathenow
Tel. 03385/514991
www.tv-westhavelland.de

RHEINSBERG
Tourist-Information Rheinsberg
Remise am Schloss, Mühlenstr. 15A
16831 Rheinsberg
Tel. 033931/2059
www.tourist-information-rheinsberg.de

RIBBECK
Tourismusverband Havelland e. V.
Theodor-Fontane-Str. 10
14641 Ribbeck
Tel. 033237/859030
www.havelland-tourismus.de

RÜHSTÄDT
Besucherzentrum Rühstädt
Neuhausstraße 9
19322 Rühstädt
Tel. 038791/98024
www.brandenburg.nabu.de

SCHÖNWALDE-GLIEN
Touristischer Info-Punkt
Berliner Allee 7
14621 Schönwalde-Glien
Tel. 03322/248443

IMPRESSUM

1. Auflage 2022 Verlagsnummer 6929 ISBN 978-3-99121-328-4

Text: Raphaela Moczynski

Titelbild: Radausflug am See entlang (© Drazen – stock.adobe.com)

S. 4–5: © Holger Zander – stock.adobe.com
S. 6–7 oben: © Mediabel – www.pixelio.de
S. 6–7 unten: © Almgren – stock.adobe.com
S. 8–9 oben: © Sina Ettmer – stock.adobe.com
S. 8–9 unten: ©Frozen Action – stock.adobe.com
S. 10–11 oben: ©Thomas Franik – stock.adobe.com
S. 10–11 unten: ©Andreas Hermsdorf – www.pixelio.de
S. 12–13 oben und unten: ©Thomas – stock.adobe.com
S. 12–13 unten: ©Thomas – stock.adobe.com
S. 14–15; S. 16–17: © Ira Budanova – stock.adobe.com
S. 18–19: © rustamark – stock.adobe.com
S. 20–21: © Diamant Fahrradwerke GmbH
S. 22–23: © YesPhotographers – stock.adobe.com
S. 24–25: © Pawel Michalowski – stock.adobe.com
S. 28–29 oben: © MEDIABEL – www.pixelio.de
S. 30–31: © Wolfgang Müller – www.pixelio.de
S. 32 und 33: © Müritzeum (www.m.mueritzeum.de)
S. 34: © Thilo Grellmann – stock.adobe.com
S. 36: © Wolfgang Müller – Pixabay
S. 37: © Didi01– www.pixelio.de
S. 38: © ebenart – stock.adobe.com
S. 39: © Katharina2013 – Pixabay
S. 41: © Fred Wawrzyniak/Schliemann-Museum Ankershagen
S. 43: © ©holger.l.berlin – stock.adobe.com
S. 44: © Jürgen Weingarten – www.pixelio.de
S. 47: © BTOIPS – www.pixelio.de
S. 48: © holger.l.berlin – stock.adobe.com
S. 49: © Travelpeter – stock.adobe.com
S. 50–51: © cpmgerdesign – Pixabay
S. 52–53: © almgren – stock.adobe.com
S. 54: © ArTo – stock.adobe.com
S. 56: © Christian Nowak
S. 57, S. 58–59: © ebenart – stock.adobe.com
S. 60–61: © Cattalin – Pixabay
S. 62-63: © Sina Ettmer – stock.adobe.com
S. 64: ©Ina Meer Sommer – stock.adobe.com
S. 65: © TMB-Fotoarchiv/York Maecke (www.rentafloss.de)
S. 67: © ZP MB/York Maecke (www.ziegeleipark.de)
S. 68: © Lars Kunze/www.pixelio.de
S. 71: © Maurice Tricatelle – stock.adobe.com
S. 72 und 73 © Marta Moreno – Pixabay
S. 75: © EKH-Pictures – stock.adobe.com
S. 76–77 und 77 oben: © Comofoto – stock.adobe.com
S. 79: © Thomas Jablonski – stock.adobe.com
S. 80–81: © Herbert Aust – Pixabay
S. 82–83: © Frozen Action – stock.adobe.com
S. 84: © Stadt Henningsdorf/Frank Liebke

S. 86: © Helga Rövenich – Pixabay
S. 87 © ArTo – stock.adobe.com
S. 88: © Stephan Laude – stock.adobe.com
S. 89: ©JuSto – stock.adobe.com
S. 90–91: ©Sinousxl – Pixabay
S. 92–93: © Sina Ettmer – stock.adobe.com
S. 94: © Julia – stock.adobe.com
S. 95: © Michael Kauer – Pixabay
S. 96: © Peter Kraayvanger – Pixabay
S. 97: © SPSG Berlin Schloss Glienicke/Hans Bach
S. 98: © SPSG Schloss Babelsberg/Leo Seidel
S. 99: © Christoph Winkler – Pixabay
S. 100–101: © Norbert Futschek – Pixabay
S. 102: © Gianni Crestani –Pixabay
S. 103: © Schloss Cecilienhof/Peter Michael Bauers
S. 104: © SPSG Marmorpalais/Hans Bach
S. 105: © Ulf – stock.adobe.com
S. 106-107: © Robert Dering – stock.adobe.com
S. 107: © Sina Ettmer – stock.adobe.com
S. 109 und S. 108–109: © Sina Ettmer – stock.adobe.com
S. 110–111: © RitaE – Pixabay
S. 112–113: © Thomas Franik – stock.adobe.com
S. 114: ©neufal54 – Pixabay
S. 115: ©Jörg Pfand– stock.adobe.com
S. 116 und 117: ©SPSG Sanssouci/Hans Bach
S. 118–119: ©EyeAmAmazed – stock.adobe.com
S. 121: ©stine-photography.de – stock.adobe.com
S. 123 oben: ©Butch – stock.adobe.com
S. 123 unten: ©holger.l.berlin – stock.adobe.com
S. 124: ©Sina Ettmer – stock.adobe.com
S. 125: ©Thilo Grellmann – stock.adobe.com
S. 126–127 oben: ©Carsten Böttinger – stock.adobe.com
S. 126–127 unten: ©jsr548 – stock.adobe.com
S. 128–130: ©Ulf Boettcher/Stadt Brandenburg an der Havel
S. 131: ©hot-sun – Pixabay
S. 132–133: ©Andreas Hermsdorf – www.pixelio.de
S. 133 unten: ©Franziska Guenther/Stadt Brandenburg an der Havel
S. 134–135: ©Fotoatelier Hamburg – stock.adobe.com
S. 136: ©Ulf Boettcher/Stadt Brandenburg an der Havel
S. 138: ©EstherT – www.pixelio.de
S. 140: ©Antje – stock.adobe.com
S. 141: ©Paul Grecaud – stock.adobe.com
S. 142-143: ©Thomas – stock.adobe.com
S. 144–145, 146-147 oben: ©Thomas – stock.adobe.com
S. 146-147 unten: ©lcrms – Pixabay
S. 149 oben: ©Torsten Radmann – stock.adobe.com
S. 149 unten: ©Thomas – stock.adobe.com
S. 150: ©lcrms – Pixabay
S. 151: ©Song about Summer – stock.adobe.com
S. 152-153: ©lcrms – stock.adobe.com
S. 154: ©Markus Diek – stock.adobe.com
S. 157: ©Thomas – stock.adobe.com
S. 158-159: ©randy – stock.adobe.com
S. 161: ©Butch – stock.adobe.com
S. 163: ©Martin – stock.adobe.com

S. 164–165: ©Andreas – stock.adobe.com
S. 167, S. 168-169: ©Aufwind–Luftbilder – stock.adobe.com – stock.adobe.com
S. 171: ©Thrainer – Pixabay
S. 183: ©Christian Nowak
S. 199: ©wkbilder - stock.adobe.com
S. 212: ©Verena N – www.pixelio.de
S. 215: ©Silvana Bartha – Pixabay
S. 217: ©Thomas – stock.adobe.com
S. 218: ©Stephan Laude/Brandenburg an der Havel
S. 234: ©Jens Rasch – Pixabay
S. 237: ©Thomas – stock.adobe.com
S. 238: ©Thomas Franik – stock.adobe.com
S. 241: ©Fotoatelier Hamburg – stock.adobe.com

SPSG = Stiftung Preußische Schlösser und Gärten Berlin–Brandenburg

Grafische Herstellung: Raphaela Moczynski
Kartenausschnitte: © KOMPASS-Karten GmbH
Kartengrundlage für Extra-Tourenkarte: © MairDumont, D-73751 Ostfildern 4

KOMPASS-KARTEN GMBH
Karl-Kapferer-Straße 5, A-6020 Innsbruck
www.kompass.de/service/kontakt

FSC
www.fsc.org
MIX
Papier aus verantwortungsvollen Quellen
FSC® C018236